新财道财富管理股份有限公司（以下简称"新财道"）由《信托法》起草人周小明博士联合国内资深的金融、法律、信托专家作为管理团队、由中航信托股份有限公司作为战略股东、由一批欲开展家族财富管理的家族客户作为客户股东，采取众筹思维共同创设。公司成立于2015年8月19日，注册地：北京，注册资本：4.06亿元。

新财道定位于"家族财富管理系统解决方案的集成服务商"，旨在依托安全财富、增值财富、和谐财富和久远财富四大财富理念，运用家族信托、家族保险、家族投资、家族治理、家族慈善、家族教育、赠与、遗嘱等财富管理工具，立足目标客户的家族保障需求、家族理财需求、家族传承需求、家族分配需求，为超高净值人士设计并协助执行个性化、专业化和系统化的家族财富管理解决方案。新财道致力于打造开启家族财富管理之门的钥匙，探索并实践中国本土家族财富管理之道。

新财道建立了由家族财富规划师、家族保险规划师、家族理财规划师、家族信托规划师、家族财务规划师、家族法务规划师、家族税务规划师组成的"七师齐全"的家族财富规划专业服务体系；设立了北京、杭州、郑州、深圳四个区域家族办公室；成立了新财道家族研究院，专注于家族财富管理研究、家族教育课程开发、家族财富管理项目培训，打造了国内首个家族财富规划师水平课程（FWP），出版了《家族财富管理之道》《财富管理视角下的家族信托规划》《财富传承的治理之道》等系列丛书。

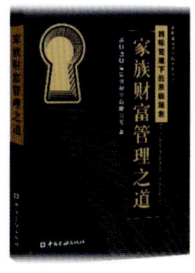 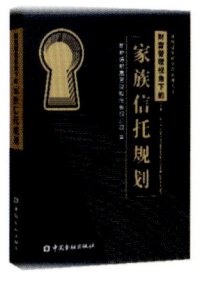 

联系我们：

北京家族办公室：北京市朝阳区望京西路北小河公园东门北侧3号楼 010-64758865
杭州家族办公室：浙江省杭州市上城区新业路228号凯德来福士T2-1801 0571-87759240
郑州家族办公室：郑州市郑东新区如意西路建业总部港A座311室 0371-61773051
深圳家族办公室：深圳市南山区深南大道大冲商务中心C座 1702 0755-23605870

新财道财富管理　　　　　　　　新财道在线

信誉无价 托付有道

信有成者,行天下
人以言立,是为信

聚心二十大从心出发
执信新一年向新而行

祝 新朋老友
金兔呈祥

地址：北京市西城区金融大街1号石油金融大厦B座
邮编：100033
地址：浙江省宁波市鄞州区民安东路268号 宁波国际金融服务中心北区E座28 - 31层
邮编：315042
理财咨询电话：北京 010-63597777/7666 宁波 0574-87031730/1714

昆仑信托公众号

昆仑信托金融
理财中心服务号

国投泰康信托有限公司

国投泰康信托有限公司是央企控股信托公司，股东实力雄厚，国投资本控股有限公司、泰康保险集团股份有限公司、悦达资本股份有限公司、泰康资产管理有限责任公司分别持股61.29%、27.06%、8.20%、3.45%。

多年来，公司秉承"有道而正 信则人任"的核心价值观，形成了稳健、规范、创新、进取的经营风格，并控股国投瑞银基金等公司，搭建了多元化的金融平台，赢得了业内广泛认可，连续多年荣获行业评选重要奖项。

公司坚持市场化、专业化、特色化的发展思路，全力拓展资产服务信托、资产管理信托和公益慈善信托等业务，在2019至2022年度中国信托业协会开展的行业评级中连续4年获评A级，ROE水平连续4年位居行业前十。2022年，公司实现营业收入21.03亿元，净利润11.81亿元。截至2023年9月末，公司注册资本26.705亿，管理资产规模3751.05亿，净资产118.9亿。

国之投 共未来！

国投财富APP

订阅号

服务号

2023年中国信托公司经营蓝皮书

清华大学法学院金融与法律研究中心　编著

战略合作伙伴：中航信托股份有限公司

北　京

图书在版编目（CIP）数据

2023年中国信托公司经营蓝皮书/清华大学法学院金融与法律研究中心编著. -- 北京：中国经济出版社，2023.11

ISBN 978 - 7 - 5136 - 7527 - 7

Ⅰ.①2… Ⅱ.①清… Ⅲ.①信托公司 - 经营管理 - 研究报告 - 中国 - 2023 Ⅳ.①F832.39

中国国家版本馆CIP数据核字（2023）第202080号

责任编辑	严　莉
责任印制	马小宾
封面设计	任燕飞装帧设计室

出版发行	中国经济出版社
印 刷 者	北京艾普海德印刷有限公司
经 销 者	各地新华书店
开　　本	787mm×1092mm　1/16
印　　张	14.25　彩页印张　0.25
字　　数	239千字
版　　次	2023年11月第1版
印　　次	2023年11月第1次
定　　价	198.00元

广告经营许可证　京西工商广字第8179号

中国经济出版社网址 www.economyph.com 社址 北京市东城区安定门外大街58号 邮编 100011
本版图书如存在印装质量问题，请与本社销售中心联系调换（联系电话：010 - 57512564）

版权所有　盗版必究（举报电话：010 - 57512600）
国家版权局反盗版举报中心　（举报电话：12390）　　服务热线：010 - 57512564

总 策 划	周小明
学术委员会主任	施天涛
专家委员会主任	夏 斌
专家委员会委员	傅 强　王峥嵘　江 龙
	崔 斌

主　　　编	邢 成			
副 主 编	刘 庆	曹丽思	高 丽	矫德峰
编委会成员	闫丽如	吴施忆	朱世婧	杨靖坤　熊志远
	徐绍颖	柴淑琴	胡 萍	谢运博　樊融杰
	李 薇	秦红军	孙 竞	宫树梅　邢知远
	王 楠	徐 倩	牛翊萌	王 慧　覃虹菱
	张智晴	成永山	李润欣	陈艳云　白 鹭
	杨雪萍	何志晶		

前　言

截至 2023 年 4 月 30 日，受各类风险事件以及监管要求的影响，68 家信托公司中有 60 家信托公司按照规定时间披露了年度报告，60 家信托公司绝大部分实现盈利。2022 年新的业务分类办法呼之欲出，传统的集合资金信托业务几乎全面叫停，信托业务结构加速调整，全行业转型的步伐不断加快，信托业管理的信托资产规模平稳回落幅度有所收窄，全行业信托资产管理规模仍保持在 20 万亿元左右，信托业在国际地缘政治错综复杂、新冠疫情和国内外极其复杂多变的环境下保持了平稳发展。

2022 年，在国际地区冲突全面爆发、新冠疫情跌宕起伏、国际经济环境更趋严峻、国内宏观经济增速放缓、部分头部房地产行业遭遇巨大危机的同时，行业监管环境更趋严峻，"新三分类"监管办法紧锣密鼓推行，房地产信托规模总量受到控制，非标融资类信托业务持续压降，信托公司面临空前的挑战和竞争压力。信托业作为仅次于银行业的第二大金融行业，受宏观经济等诸多因素影响，2022 年全年，信托全行业营业收入总规模和全行业利润增幅都呈现回落趋缓的态势，个别指标较上一年出现负增长，甚至出现数家公司经营亏损的情况。信托业必须在新分类监管框架下转型创新，大力发展资产服务信托业务等信托本源业务。2023 年以来监管部门不断搭建出与时俱进的监管框架，为未来信托业实现健康持续发展铺平了道路。

面对 2022 年以来泛资管市场和监管部门密集出台的系列监管新政，以及变化多端的国内外环境，信托公司经受住全面的考验，信托业整体大盘仍然基本稳定，增长幅度进入稳定期，核心指标实现平稳增长。就信托公司的整体经营而言，综合业绩仍然是一张合格的答卷。

本报告是清华大学法学院金融与法律研究中心精心打造的系列报告，迄今已经连续出版了19部。2023年的报告，在总结前18部经验的基础上，进一步改进和提升了实证分析模型和研究分析的方法与手段。强调横向分析与纵向比较相结合，通过财务状况实证分析、经营成果实证分析、盈利能力与收益水平分析、经营效率与经营质量以及风险分析等多个方面几十个具体指标进行了系统、全面、深入、规范、客观、真实的归纳、汇总、概括、提炼、分类、排序和分析。报告突出运用实证分析的方法，客观公正地反映了当前我国信托公司较为完整的概貌，力求为各信托公司和广大投资者以及监管部门提供一部系统全面、客观真实的研究报告。

本报告对进一步加深社会各界和投资者对信托业的了解，全面提升信托公司整体形象，促进各信托公司之间相互了解、加强交流、相互借鉴、取长补短，都是一部不可多得的重要学术研究报告和业务参考书。

本报告所引用数据严格依据各信托公司年报所公开披露的资料，或在披露数据基础上加以计算。本报告对各公司所披露年报中数据资料的真实性、口径方法的适用性及内容指标的完整性原则上不做主观评判。报告采集数据原则以银保监会规定的信息披露截止日2023年4月30日为最后期限。

本报告力求全面、真实、准确反映行业全貌，但由于本报告时效性极强，编纂时间紧张，所涉及数据十分庞杂繁复，在数据采集过程中难免有疏漏之处，故所有原始数据最终均以各信托公司公布的年报及年报摘要原文为准。

在本报告的编纂过程中，得到了国家金融监督管理总局有关部门、中国信托业协会、国投泰康信托有限公司、中航信托股份有限公司、昆仑信托有限责任公司以及中国经济出版社毛增余总编辑、严莉编辑的大力支持，在此一并表示衷心的感谢。

清华大学法学院金融与法律研究中心

2023年10月

目 录

第一章 2022年信托公司经营状况纵览 ……………………………………（001）

第二章 主要财务指标分析 …………………………………………………（011）
  第一节 资本利润率 ……………………………………………………（013）
  第二节 信托报酬率 ……………………………………………………（018）
  第三节 人均净利润 ……………………………………………………（024）

第三章 信托资产的分布与运用分析 ………………………………………（031）
  第一节 信托资产规模分析 ……………………………………………（033）
  第二节 信托资产分布分析 ……………………………………………（036）
  第三节 信托资产运用分析 ……………………………………………（042）

第四章 信托资产盈利能力分析 ……………………………………………（049）
  第一节 信托收入 ………………………………………………………（051）
  第二节 信托项目收益率 ………………………………………………（054）
  第三节 新增信托项目 …………………………………………………（057）

第五章 自营资产分布与运用分析 …………………………………………（061）
  第一节 自营资产规模 …………………………………………………（063）
  第二节 自营资产分布 …………………………………………………（082）

第六章　公司收入结构分析 ……………………………………………………（111）
  第一节　信托公司营业收入 ………………………………………………（113）
  第二节　信托公司利润总额与净利润 ……………………………………（118）
  第三节　信托业务收入 ……………………………………………………（124）

第七章　风控与资产质量分析 …………………………………………………（127）
  第一节　净资本 ……………………………………………………………（129）
  第二节　自营业务不良资产 ………………………………………………（130）

第八章　人力资源分析 …………………………………………………………（135）
  第一节　人力资源基本情况 ………………………………………………（137）
  第二节　人力资源岗位分布 ………………………………………………（139）

第九章　公司治理结构分析 ……………………………………………………（143）
  第一节　信托公司股权结构分析 …………………………………………（145）
  第二节　董事会结构分析 …………………………………………………（151）
  第三节　治理结构相关规定 ………………………………………………（156）

第十章　非财务信息披露情况分析 ……………………………………………（163）
  第一节　影响公司发展的有利因素分析 …………………………………（165）
  第二节　影响公司发展的不利因素分析 …………………………………（175）

附　录　国投泰康信托有限公司 2022 年年度报告摘要 ……………………（185）

第一章 2022年信托公司经营状况纵览

截至2023年5月底,共有60家信托公司披露了其年度财务报告。2022年,信托行业的整体状况和上一年相比出现了较大的变化。

第一,从制度建设视角上看,2023年6月1日,《关于规范信托公司信托业务分类的通知》(以下简称"新分类办法")正式实施。新分类办法不仅是形式上的业务分类调整,并且对于信托行业模式和产业规制产生了较为深刻的影响。该办法的实施促使信托行业回归财产管理和财产转移本源的功能定位,强化了服务信托在业务结构中的核心地位,同时坚持受托人履职尽责原则,消除变相承诺保底和刚性兑付带来的系统性风险,从而为信托行业的产业结构优化和持续健康发展奠定了良好的基础。

第二,从行业主体视角上看,2023年5月26日,重庆市第五中级人民法院依照《中华人民共和国企业破产法》裁定宣告新华信托破产,这也是《信托法》颁布后第一家破产的信托公司。新华信托的破产意味着信托牌照"一家都不能少"的局面被打破,信托公司开始面临市场化退市风险;同时,受到银保监会等严格监管的信托公司实施破产清算,也对整个行业的发展产生了不利影响。各信托公司如何通过差异化、精品化、专业化的路径保住信托牌照,实现可持续发展将成为未来一段时期内行业需要重新审视和思考的重要问题。

第三,从行业经营视角上看,2022年,受到疫情反复和经济不确定性等因素的影响,行业整体营业收入和利润水平同比有所下滑,但头部公司的盈利水平要高于行业均值,这意味着行业内部的差异化程度进一步增加。以净利润为例,2022年行业前10名信托公司中有4家实现同比增长,平均实现净利润19.56亿元。虽然该数据同比下降9.01%,但其降幅明显低于行业平均水平。

然而,就在本书完成全部年报数据整理之际,2023年上半年未经审计的信托业半年报新鲜出炉。通过对已经公布半年报的58家信托公司的财务数据分析,可以发现信托行业现在又有了新的变化。

首先,信托行业盈利能力的分化现象较为明显。从营业收入和利润总额两个指标来看,58家信托公司中有20家营业收入与利润总额双增,占比34.48%;有32家公司营业收入与利润总额双降,占比55.17%。其中,上海国信、平安信托、华能贵诚、中信信托及江苏国信的利润总额位列全行业前五,分别为76.18亿元、42.55亿元、16.52亿元、16.45亿元及13.95亿元。北京信托上半年利润总额为-2.99亿元,位于行业最后一名。除此之外,有7家利润总额为负。

其次,手续费与佣金收入出现下滑。信托行业营业收入主要包括手续费与佣金收入、利息收入和投资收益等。而2023年上半年信托营业收入的下降主要源于手续费和佣金收入的下滑。以通过上市母公司等形式披露相关财务数据的9家信托公司为例,有7家公司2023年上半年的手续费和佣金收入同比下降。在信托行业业务转型的背景下,信托报酬率较高的融资类信托规模有所降低,而投资类、服务类信托规模有所提升。后者虽然体现了信托行业新的发展方向,但由于当前信托报酬率相对较低,因此导致行业整体收益水平受到了影响。

最后,固有业务收入涨势明显。从公布固有业务收入的54家信托公司的相关数据来看,2023年上半年固有业务收入总额为139.53亿元,同比增长15.96%。54家信托公司中有38家在2023年上半年实现了固有业务收入的同比增长。结合2022年信托资产的配置数据,2022年交易性金融资产占比为37.77%,为四大行业之首。经过2023年上半年的经营,该类金融资产产生了大量的投资收益和公允价值变动损益,成为信托行业营业利润的主要来源。

综上,纵览2022年信托公司披露的财务数据,主要表现出以下几个方面的特点。

一、信托公司资本实力稳中有升,资产结构有所调整

信托行业2016—2022年注册资本变动情况如图1-1所示。2022年底,信托行业注册资本总额为3005.96亿元,同比增长3.14%。注册资本均值为48.48亿元,同比增长0.15%。通过数据对比可以发现:第一,2022年信托公司注册资本规模与2021年相比有显著提升;第二,2022年信托公司注册资本增长速度与2021年相比有所放缓。这可能是因为在经济增长放缓、制度变革以及行业转型的三重效应叠加下,信托行业资本实力仍有所提升,为整个行业发展提供了一定的物质基础;同时,信托公司对于增资更加谨慎,不再盲目追求规模的扩张。

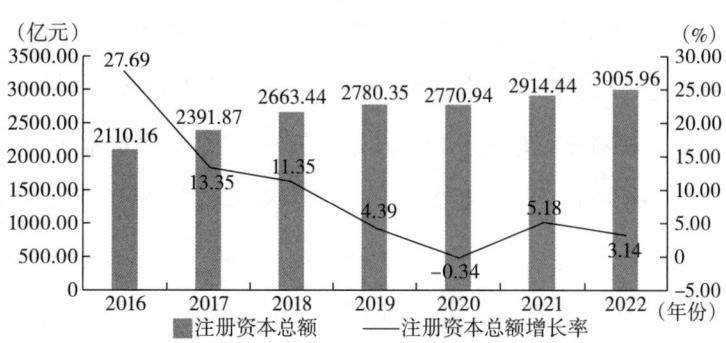

图1-1　2016—2022年信托行业注册资本变动趋势

信托行业2016—2022年自营资产规模变动情况如图1-2所示。2022年,信托行业自营资产规模总额为8061.42亿元,相比于2021年下降了1.73%。信托公司平均自营资产规模为134.36亿元,相比于2021年下降0.10%。

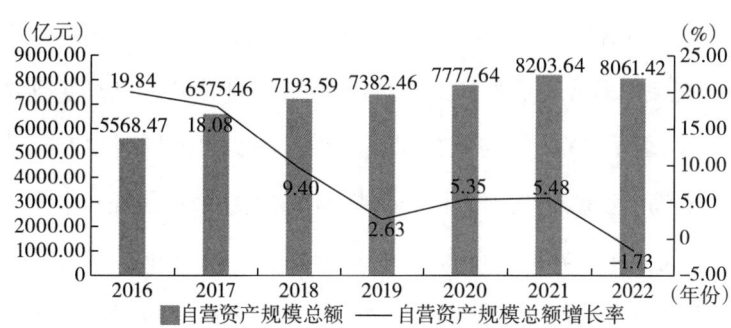

图1-2　2016—2022年信托行业自营资产规模变动趋势

信托行业2016—2022年净资产规模变动情况如图1-3所示。2022年,信托行业净资产规模总额为6749.74亿元,同比增长1.82%。信托公司平均净资产规模为112.50亿元,同比下降3.39%。

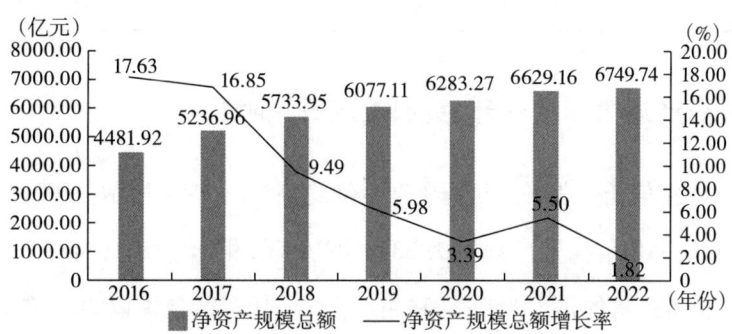

图1-3　2016—2022年信托行业净资产规模变动趋势

从行业内部来看,2022年信托行业注册资本与净资产均有所上升,但自营资产规模有所下降。表明信托公司在资本实力有所提升的同时,回归信托本源的特征也在资产结构上有所体现。2022年有6家信托公司实现增资,合计增加注册资本77.13亿元。从头部公司的表现来看,如表1-1所示,2022年,注册资本排名前10的信托公司均值为115.05亿元,和上年基本持平;自营资产规模排名前10的信托公司均值为299.17亿元,增长率为3.32%;净资产规模排名前10的信托公司均值为255.11亿元,增长率为2.99%。通过数据对比可以发现,行业内领先公司在注册资本、自营资产规模以及净资产规模方面的优势地位仍然较为明显,但在注册资本与净资产规模的增长速度方面却低于行业均值。

综上所述,2022年信托行业资本实力表现为以下四个显著特征:首先,2022年信托公司注册资本与净资产规模仍然呈递增趋势,但增速和2021年相比均有所放缓。其次,2022年行业排名前10的信托公司自营资产规模仍有所增长,但行业均值却有所下降,表明行业内自营资产规模的差异性有所增加。再次,信托行业净资产的增长速度高于自营资产总额的增长速度,表明2022年信托公司在增强资本实力的同时也在逐步提升信托资产比重、减少自营资产比重,最后努力回归信托本源。最后,在信托行业资本实力普遍增强的状况下,公司间个体差异仍然较为明显,对于各个信托公司而言,如何适应内外部环境的变化,以及保持自身的资本实力与竞争能力,成为未来一段时间影响其发展的关键因素。

表1-1 2022年领先公司与行业均值资本实力对比分析

	注册资本		自营资产规模		净资产规模	
	金额(亿元)	同比增长(%)	金额(亿元)	同比增长(%)	金额(亿元)	同比增长(%)
前10均值	115.05	0.00	299.17	3.32	255.11	2.99
行业均值	48.48	0.15	134.36	-0.10	112.50	3.39

二、信托资产规模继续攀升,头部效应日趋明显

2016—2022年信托行业平均信托资产变动趋势如图1-4所示。2022年信托资产规模整体有所上升,平均信托资产规模为3383.09亿元,相比于2021年上升了3.87%,增速有所提升。值得一提的是,2009—2014年,平均信托资产规模以30%左右的速度迅速增长。但从2015年开始,平均信托资产规模进入波动区间,该指标在2015年大幅下跌

后,2016年与2017年持续增长,2018—2020年,信托资产规模已经连续3年处于下行区间。而在2021年和2022年,信托资产规模连续两年实现反弹。

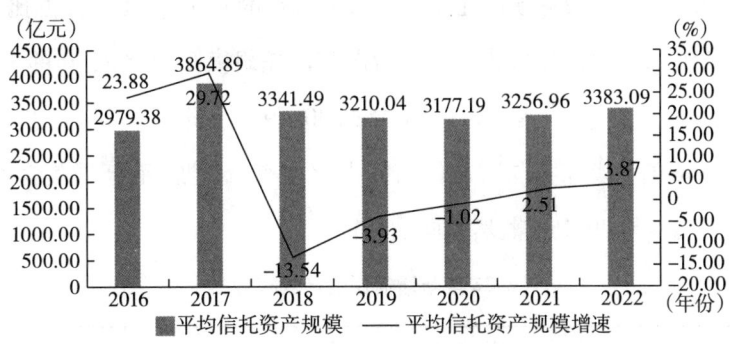

图1-4 2016—2022年信托行业平均信托资产变动趋势

表1-2为2022年信托行业信托资产增速分布情况。其中,公布该数据的59家信托公司中有26家信托资产相比于2021年有所上升,有33家信托资产相比于2021年有所下降。因此,有将近55.93%的信托公司在2022年信托资产规模出现下降。在信托资产规模增长的信托公司中,有11家的增长幅度达到30%以上,有11家的增长幅度在10%~30%,有4家增幅在10%以内。而在信托资产规模下降的信托公司中,有4家的下降幅度超过30%,下降幅度在10%~30%的为15家,下降幅度在10%以内的为14家。通过数据可以发现,2022年多家信托公司大幅度增加了信托资产规模,从而拉动了行业均值的提升。

表1-2   2022年信托行业信托资产增速分布

增速分布	公司数量(家)	占比(%)
增长30%以上	11	18.64
增长10%~30%	11	18.64
增长10%以内	4	6.78
下降10%以内	14	23.73
下降10%~30%	15	25.42
下降30%以上	4	6.78
合计	59	100.00

三、信托资产结构有所变化,主动管理能力进一步提升

表1-3为2022年新增信托资产规模分析。如表所示,2022年新增信托资产规模和

2021年相比有所下降。其中,新增集合类信托规模由2021年的5.73万亿元下降至2022年的5.00万亿元,占比也从2021年的56.73%下降至2022年的56.05%。新增单一类信托规模由2021年的1.28万亿元下降至2022年的1.17万亿元,占比从2021年的12.67%上升至2022年的13.11%。新增财产权信托规模则由2021年的3.09万亿元下降至2022年的2.75万亿元,占比由2021年的30.59%上升至2022年的30.84%。由此可见,2022年新增单一类信托与财产权信托占比均有所增加,而新增集合类信托占比却有所下降,表现出了与2021年截然不同的特征。

表1-3　2022年新增信托资产规模分析

项目	2022年		2021年	
	规模(万亿元)	占比(%)	规模(万亿元)	占比(%)
集合类	5.00	56.05	5.73	56.73
单一类	1.17	13.11	1.28	12.67
财产权	2.75	30.84	3.09	30.59
合计	8.92	100.00	10.1	100.00

表1-4列示了2022年信托行业主动管理类信托资产规模与占比情况。2022年,披露相关数据的57家信托公司中,有15家主动管理类信托资产规模占比超过80%,比2021年增加4家。2022年主动管理类信托资产规模占比在50%~80%的公司有25家,比2021年增加1家。而2022年主动管理类信托资产规模占比在50%以下的公司总计有17家,显著低于2021年的25家。

表1-4　2022年主动管理类信托资产规模与占比

项目	2022年		2021年	
	公司数量(家)	占比(%)	公司数量(家)	占比(%)
占比80%以上	15	26.32	11	18.33
占比50%~80%	25	43.86	24	40.00
占比30%~50%	9	15.79	20	33.33
占比10%~30%	5	8.77	4	6.67
占比10%以下	3	5.26	1	1.67
合计	57	100.00	60	100.00

四、信托行业营业收入进一步下滑,盈利能力有待提升

图1-5列示了2016—2022年信托行业平均信托收入变动情况。从2016年开始,信

托行业平均信托收入进入波动区间,呈现上升与下降交替出现的局面。2018年信托行业平均信托收入为1624831万元;2019年增长至2217505万元,同比增长36.48%;2020年信托行业平均信托收入为2327407万元,同比增长4.96%;2021年信托行业平均信托收入为1953229万元,相比于2020年下降了16.08%;2022年信托行业平均信托收入为1162067万元,同比降幅达到40.51%。这表明信托行业的创收能力亟待提升。

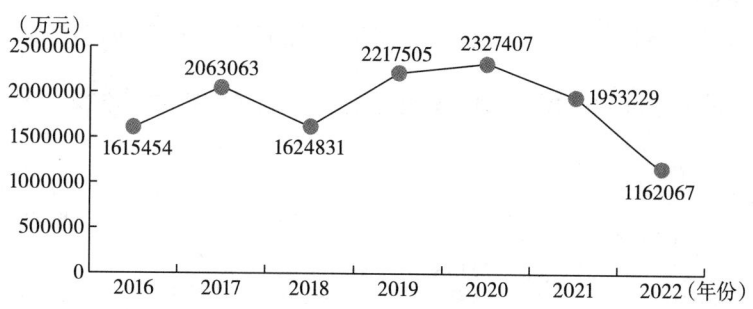

图1-5 2016—2022年信托行业平均信托收入变动情况

图1-6列示了2016—2022年信托行业平均资本利润率变动情况。作为衡量信托公司盈利能力的主要指标,资本利润率主要反映企业所有者剩余权益的获利水平。2009年以来,以2012年为拐点,信托公司的资本利润率经历了两个阶段的波动,2009—2012年持续小幅上涨,2012—2019年持续小幅下降至9.55%。2020年与2021年,该指标分别下降至8.68%和7.56%。2022年,该指标进一步下降至5.04%。由此可见,信托行业单位资本盈利能力弱化的现象在2022年没有得到根本转变。

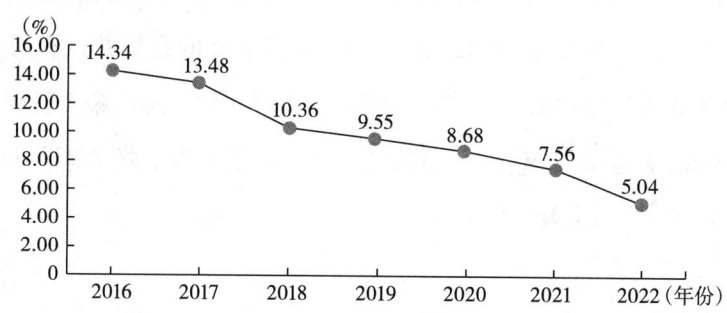

图1-6 2016—2022年信托行业平均资本利润率变动情况

图1-7列示了2016—2022年信托行业平均信托报酬率变动情况。如图1-7所示,2016年各信托公司平均信托报酬率为0.74%,2017年下降至0.62%。2018年至2020年均低于0.60%,分别为0.52%、0.56%、0.56%。2021年该指标重新回升,达到0.64%,

2022年再次降低到0.62%。信托报酬率自2017年以来一直呈现低位波动的特征。

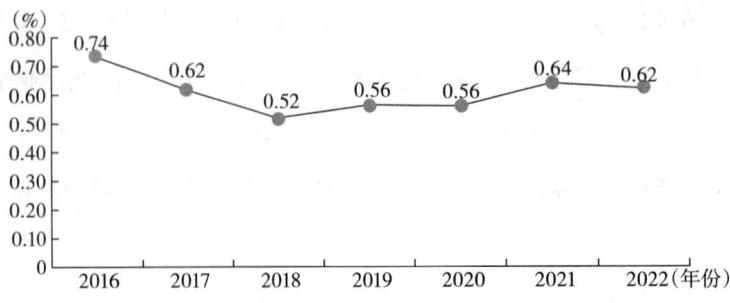

图1-7 2016—2022年信托行业平均信托报酬率变动情况

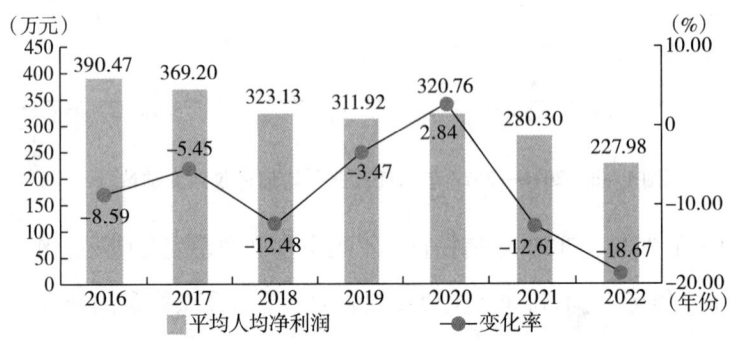

图1-8 2016—2022年信托行业平均人均净利润变动情况

图1-8列示了2016—2022年信托行业平均人均净利润变动情况。2015年以前,信托行业平均人均净利润持续小幅增长。2015年平均人均净利润达到427.14万元的历史最高值,2016年在2015年的基础上出现大幅下跌,恢复到4年前的水平。2017年与2018年分别降至369.20万元和323.13万元,持续下降的态势并没有得到改善。2019年,信托行业平均人均净利润为311.92万元。2020年,该指标小幅上升至320.76万元。2021年,该指标下降至280.30万元,2022年,该指标进一步下降至227.98万元,降幅达到18.67%,为近年来最大幅度的下降。

第二章 主要财务指标分析

财务指标是考察信托公司整体业绩表现的衡量标准,对于信托行业的财务考核指标主要包括资本利润率、信托报酬率和人均净利润。

第一节 资本利润率

从本书截至 2023 年 5 月 25 日(以下统计时间口径相同)获得的 2022 年度的年报披露情况来看,除北京国信、长安国信、安信信托、陕西国信、雪松国信、四川信托、新时代、华信信托、山东国信、吉林信托和民生信托以外,其余 56 家公司都披露了资本利润率这一指标。

资本利润率的主要统计数据如表 2-1 所示。作为反映信托公司盈利能力的重要指标,2022 年全行业平均资本利润率由 2021 年的 7.56% 下降至 5.04%,下降幅度持续增大,平均资本利润率已经连续 5 年持续下滑。从行业整体来看,在这 56 家信托公司中,共有 5 家信托公司的资本利润率在 10% 以上,占比 8.93%。另外,值得注意的是,由于行业整体利润率下降,本年度资本利润率最高值也未超过 15%。

从资本利润率排名来看,粤财信托 2022 年资本利润率达到 14.13%,虽然较 2021 年的 16.55% 有所下滑,但仍成为本年度资本利润率最高的信托公司。英大信托在 2022 年资本利润率有小幅上升,以 12.34% 的资本利润率成为行业第二名。

综观信托行业整体情况,2022 年各公司资本利润率标准差为 5.62%,相比 2021 年各公司资本利润率离散程度有所下降,该指标近几年基本维持集中的态势,具体数据见表 2-1。

表 2-1 　　　　　2018—2022 年信托公司资本利润率统计分析

项目	2018 年	2019 年	2020 年	2021 年	2022 年
平均值(%)	10.51	9.55	8.68	7.56	5.04
平均值增长(百分点)	-3.12	-0.96	-0.87	-1.12	-2.52

续表

项目	2018年	2019年	2020年	2021年	2022年
公司数目(家)	66	64	60	57	56
最大值(%)	30.92	22.37	20.58	21.23	14.13
最小值(%)	-11.03	-5.88	-8.95	-28.79	-21.99
标准差(%)	6.20	5.48	5.25	6.83	5.62
变异系数	0.59	0.57	0.60	0.90	1.11

2022年,资本利润率表现比较优异的信托公司前5名为:粤财信托(14.13%)、英大信托(12.34%)、中海信托(11.19%)、国投泰康(11.18%)以及紫金信托(10.48%)(见表2-2)。而2021年资本利润率表现比较优异的信托公司前5名为:陆家嘴信托(21.23%)、万向信托(20.22%)、粤财信托(16.55%)、华能贵诚(15.52%)以及华融国信(15.21%)。与2021年相比,前五名公司的组成有较大的变化。从行业整体来看,资本利润率水平也出现了大幅下滑的情况。2013年资本利润率在15%~30%的公司为42家,2014年则为34家,2015年达到37家,2016年为28家,2017年为24家,2018年为11家,2019年为10家,2020年为6家,2021年为5家,而2022年未有信托公司资本利润率超过15%。由此可见,自2016年起,在信托行业整体资本利润率不断下滑的同时,行业中坚阵营的数量也出现了持续下降。

从资本利润率增幅来看,2022年,资本利润率增幅排名前5的信托公司为中海信托(39.98个百分点)、长城新盛(3.94个百分点)、平安信托(2.17个百分点)、国民信托(0.82个百分点)和国联信托(0.72个百分点)(见表2-3)。

信托公司资本利润率是净利润与平均资本的比率,因此公司净利润与注册资本规模的变化均会对资本利润率产生影响。信托公司通过增资或者股权资产出售等方式获取大规模资金后,通过有效的资产管理,可以使业绩得到大幅提升。

表2-2   资本利润率序列(2022年)   (%)

序号	公司简称	2022年	2021年	2020年
1	粤财信托	14.13	16.55	13.15
2	英大信托	12.34	11.84	12.92
3	中海信托	11.19	-28.79	4.75
4	国投泰康	11.18	12.86	13.57
5	紫金信托	10.48	13.99	13.53
6	云南国信	9.98	10.75	10.04

续表

序号	公司简称	2022 年	2021 年	2020 年
7	财信信托	9.92	9.98	9.24
8	厦门国信	9.87	12.26	11.08
9	国民信托	9.38	8.56	7.78
10	华能贵诚	9.37	15.52	17.57
11	建信信托	9.28	10.19	8.19
12	中信信托	9.23	8.90	6.76
13	华鑫信托	9.19	11.70	12.29
14	华宝信托	8.41	8.99	8.37
15	华润信托	8.39	12.71	11.67
16	天津信托	8.32	8.43	8.45
17	万向信托	8.23	20.22	19.44
18	国联信托	8.06	7.34	8.58
19	苏州信托	8.01	10.19	9.57
20	西部信托	8.00	7.85	7.76
21	江苏国信	7.98	8.77	9.09
22	国通信托	7.85	9.88	7.20
23	国元信托	7.70	未披露	7.31
24	五矿信托	7.61	10.35	17.47
25	光大信托	7.42	10.36	20.58
26	中融信托	7.22	6.85	6.56
27	陆家嘴信托	6.93	21.23	18.89
28	交银国信	6.30	8.89	9.57
29	西藏信托	6.18	9.13	8.92
30	中铁信托	6.14	7.67	10.66
31	平安信托	5.94	3.77	12.43
32	中诚信托	5.68	5.75	5.39
33	百瑞信托	5.37	7.90	11.52
34	北方国信	5.27	6.42	6.16
35	中粮信托	5.12	10.25	6.64
36	上海国信	5.11	8.17	9.85
37	爱建信托	4.89	11.76	15.38
38	浙金信托	4.66	5.88	4.78
39	中航信托	4.62	10.73	14.82
40	外贸信托	4.35	8.45	7.74
41	华宸信托	3.36	3.00	2.24

续表

序号	公司简称	2022年	2021年	2020年
42	金谷信托	3.12	2.83	2.81
43	中泰信托	1.89	1.81	4.66
44	中原信托	1.46	3.91	3.51
45	山西信托	1.46	1.42	0.95
46	重庆国信	1.18	6.42	9.56
47	大业信托	1.08	4.20	5.04
48	华融国信	1.04	15.21	未披露
49	东莞信托	0.50	1.32	9.05
50	渤海信托	0.13	0.40	0.13
51	长城新盛	-0.26	-4.20	-8.95
52	兴业信托	-0.75	0.92	6.74
53	昆仑信托	-2.96	2.48	9.29
54	工商信托	-4.38	6.66	13.89
55	中建投信托	-8.78	3.23	6.33
56	华澳信托	-21.99	6.91	9.77
57	北京国信	未披露	10.31	10.43
58	长安国信	未披露	6.74	6.88
59	安信信托	未披露	未披露	未披露
60	陕西国信	未披露	未披露	未披露
61	雪松国信	未披露	未披露	未披露
62	四川信托	未披露	未披露	未披露
63	新时代	未披露	未披露	未披露
64	华信信托	未披露	未披露	未披露
65	山东国信	未披露	未披露	5.90
66	吉林信托	未披露	未披露	0.81
67	民生信托	未披露	未披露	-3.65

表2-3　　　　　　　　　资本利润率增长序列(2022年)　　　　　　　　(百分点)

序号	公司简称	2022年	2021年	2020年
1	中海信托	39.98	-33.54	-6.97
2	长城新盛	3.94	4.75	-31.32
3	平安信托	2.17	-8.66	0.38
4	国民信托	0.82	0.78	0.65
5	国联信托	0.72	-1.24	-9.83
6	英大信托	0.50	-1.08	1.79

续表

序号	公司简称	2022年	2021年	2020年
7	中融信托	0.37	0.29	-2.23
8	华宸信托	0.36	0.76	8.12
9	中信信托	0.33	2.14	-5.85
10	金谷信托	0.29	0.02	1.51
11	西部信托	0.15	0.09	0.81
12	中泰信托	0.08	-2.85	1.75
13	山西信托	0.04	0.47	-0.64
14	财信信托	-0.06	0.74	5.81
15	中诚信托	-0.07	0.36	-0.22
16	天津信托	-0.11	-0.02	-2.19
17	渤海信托	-0.27	0.27	-8.74
18	华宝信托	-0.58	0.62	-0.66
19	云南国信	-0.77	0.71	-4.25
20	江苏国信	-0.79	-0.32	-3.55
21	东莞信托	-0.82	-7.73	0.02
22	建信信托	-0.91	2.00	-3.43
23	北方国信	-1.15	0.26	0.73
24	浙金信托	-1.22	1.10	-0.15
25	中铁信托	-1.53	-2.99	1.18
26	兴业信托	-1.67	-5.82	-0.76
27	国投泰康	-1.68	-0.71	-1.56
28	国通信托	-2.03	2.68	未披露
29	苏州信托	-2.18	0.62	-0.47
30	厦门国信	-2.39	1.18	0.52
31	粤财信托	-2.42	3.40	0.73
32	中原信托	-2.45	0.40	-1.30
33	华鑫信托	-2.51	-0.59	1.99
34	百瑞信托	-2.53	-3.62	-1.00
35	交银国信	-2.59	-0.68	-0.23
36	五矿信托	-2.74	-7.12	1.46
37	光大信托	-2.94	-10.22	-0.53
38	西藏信托	-2.95	0.21	-7.39
39	上海国信	-3.06	-1.68	-0.60
40	大业信托	-3.12	-0.84	-0.60
41	紫金信托	-3.51	0.46	0.04

续表

序号	公司简称	2022年	2021年	2020年
42	外贸信托	-4.10	0.71	-4.08
43	华润信托	-4.32	1.04	-2.14
44	中粮信托	-5.13	3.61	3.72
45	重庆国信	-5.24	-3.14	-2.01
46	昆仑信托	-5.44	-6.81	1.65
47	中航信托	-6.11	-4.09	-0.94
48	华能贵诚	-6.15	-2.05	1.15
49	爱建信托	-6.87	-3.62	-2.39
50	工商信托	-11.04	-7.23	-0.81
51	万向信托	-11.99	0.78	-1.80
52	中建投信托	-12.01	-3.10	-4.95
53	华融国信	-14.17	未披露	未披露
54	陆家嘴信托	-14.30	2.34	6.52
55	华澳信托	-28.90	-2.86	2.07
56	北京国信	未披露	-0.12	0.32
57	长安国信	未披露	-0.14	-0.12
58	吉林信托	未披露	-0.81	-4.56
59	山东国信	未披露	-5.90	-1.00
60	国元信托	未披露	-7.31	0.95
61	安信信托	未披露	未披露	未披露
62	陕西国信	未披露	未披露	未披露
63	雪松国信	未披露	未披露	未披露
64	四川信托	未披露	未披露	未披露
65	民生信托	未披露	未披露	-12.14
66	新时代	未披露	未披露	未披露
67	华信信托	未披露	未披露	未披露

第二节　信托报酬率

信托报酬是受托人通过管理和运作信托财产而获取的报酬。按照《信托投资公司信息披露管理暂行办法》，信托业务报酬率的计算是以信托业务收入除以实收信托平均余额，这一指标反映的是信托公司在信托业务中所获得的报酬。实际运作中，信托公司在对信托资产的管理中，主动管理能力强、作用发挥得大，取得的报酬一般就会较高。反之,如果信托公司在信托业务中并没有进行主动管理、所起到的作用小,信托报酬率就会偏低。

从2022年的年报披露情况来看,有46家信托公司公布了信托报酬率,比2021年减少了大业信托、长安国信和北京国信,增加了山东国信。2022年,信托行业平均信托报酬率为0.63%,较2021年的0.64%有小幅下降。

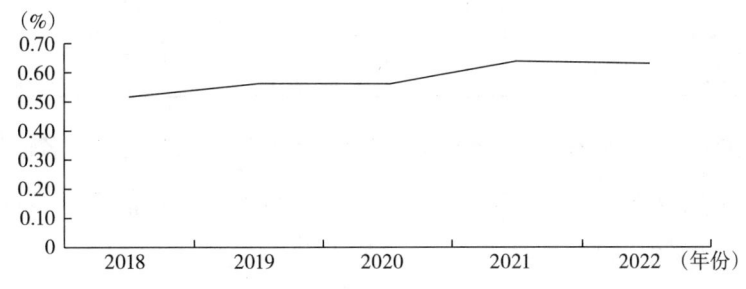

图2-1　2018—2022年信托公司信托报酬率趋势

信托行业的平均报酬率自2016年以来便已进入下行通道,2017年呈现明显下降,2018年延续了2017年的下降态势,2019年虽有反弹,但幅度很小,2020年与2019年持平,2021年出现明显回升,但2022年又出现了小幅下降(见图2-1)。

在统计的46家信托公司中,26家公司报酬率指标下降,16家上升,另有两家与前一年持平。随着资管行业竞争加剧,信托公司传统业务的盈利空间逐步收窄。

在披露2022年信托报酬率指标的46家信托公司中,下滑比例最大的是工商信托,2022年其信托报酬率同比下降了0.82个百分点;其次是重庆国信,同比下降了0.47个百分点。中小信托公司清算项目数量较少,单一项目报酬率对公司整体报酬率指标的影响较大,因此中小信托公司报酬率指标波动会比大型公司更加明显。有研究人员表示,主动管理资产占比较高的信托公司受经营环境影响相对较小,预计行业两极分化的趋势会加大。

从信托报酬率分布的离散程度来看,2022年信托报酬率分布的标准差为0.58%,比2021年的0.50%有所上升。在样本公司中,大部分公司(38家)的信托报酬率水平低于1%。其中,有27家公司(占披露公司数量的58.7%)的信托报酬率低于0.5%,具体数据见表2-4。

表 2-4　　　　　2018—2022 年信托公司信托报酬率的统计分析

项目	2018 年	2019 年	2020 年	2021 年	2022 年
平均值(%)	0.52	0.56	0.56	0.64	0.63
平均值增长(百分点)	-0.10	0.04	0.00	0.08	-0.01
公司数目(家)	53	51	49	47	46
最大值(%)	2.33	2.51	2.48	2.44	3.21
最小值(%)	0.10	0.10	0.10	0.18	0
标准差(%)	0.45	0.50	0.40	0.50	0.58
变异系数	0.86	0.88	0.72	0.79	0.92

从信托报酬率排名来看，2022 年，信托报酬率表现比较优异的前 5 名信托公司为：东莞信托(3.21%)、爱建信托(2.15%)、工商信托(1.51%)、苏州信托(1.33%)和紫金信托(1.29%)。见表 2-5、表 2-6。

表 2-5　　　　　　　　信托报酬率序列(2022 年)　　　　　　　　　　(%)

序号	公司简称	2022 年	2021 年	2020 年
1	东莞信托	3.21	2.44	1.06
2	爱建信托	2.15	2.00	1.29
3	工商信托	1.51	2.33	2.48
4	苏州信托	1.33	1.34	1.00
5	紫金信托	1.29	0.88	0.92
6	华宸信托	1.13	0.26	0.40
7	长城新盛	1.10	1.52	1.44
8	北方国信	1.07	0.65	0.24
9	江苏国信	0.92	0.45	0.49
10	平安信托	0.86	0.81	0.63
11	国联信托	0.82	0.43	0.98
12	陆家嘴信托	0.74	0.60	0.54
13	陕西国信	0.68	0.54	0.46
14	国投泰康	0.66	0.78	0.58
15	中铁信托	0.66	0.64	0.29
16	国民信托	0.65	0.45	0.27
17	浙金信托	0.63	0.76	0.78
18	中航信托	0.59	0.66	0.66
19	昆仑信托	0.56	0.31	0.42
20	重庆国信	0.49	0.96	1.00
21	国通信托	0.49	0.58	0.54

续表

序号	公司简称	2022年	2021年	2020年
22	华鑫信托	0.44	0.47	0.46
23	西藏信托	0.44	0.40	0.27
24	华澳信托	0.43	0.61	0.44
25	五矿信托	0.42	0.48	0.67
26	金谷信托	0.42	0.39	0.32
27	光大信托	0.41	0.48	0.58
28	渤海信托	0.40	0.50	0.40
29	厦门国信	0.38	0.39	0.38
30	中泰信托	0.36	0.50	0.43
31	英大信托	0.34	0.34	0.34
32	国元信托	0.32	未披露	0.10
33	天津信托	0.30	0.30	0.20
34	云南国信	0.29	0.28	0.32
35	兴业信托	0.28	0.34	0.42
36	建信信托	0.23	0.25	0.24
37	西部信托	0.23	0.24	0.24
38	中原信托	0.22	0.47	0.32
39	外贸信托	0.22	0.38	0.40
40	山西信托	0.20	0.60	0.49
41	上海国信	0.18	0.25	0.28
42	百瑞信托	0.18	0.34	0.53
43	交银国信	0.17	0.29	0.29
44	民生信托	0.13	0.49	0.80
45	安信信托	0.02	0.18	0.14
46	山东国信	0.00	未披露	未披露
47	大业信托	未披露	0.70	0.73
48	长安国信	未披露	0.62	0.55
49	北京国信	未披露	0.35	0.60
50	中诚信托	未披露	未披露	未披露
51	中融信托	未披露	未披露	未披露
52	中信信托	未披露	未披露	未披露
53	华融国信	未披露	未披露	未披露
54	粤财信托	未披露	未披露	未披露
55	财信信托	未披露	未披露	未披露
56	华宝信托	未披露	未披露	未披露

续表

序号	公司简称	2022年	2021年	2020年
57	华润信托	未披露	未披露	未披露
58	雪松国信	未披露	未披露	未披露
59	中建投信托	未披露	未披露	未披露
60	华能贵诚	未披露	未披露	未披露
61	中粮信托	未披露	未披露	未披露
62	万向信托	未披露	未披露	未披露
63	新时代	未披露	未披露	未披露
64	中海信托	未披露	未披露	未披露
65	四川信托	未披露	未披露	未披露
66	华信信托	未披露	未披露	未披露
67	吉林信托	未披露	未披露	0.11

表2-6　　　　　　　　信托报酬率增长序列（2022年）　　　　　　　（百分点）

序号	公司简称	2022年	2021年	2020年
1	华宸信托	0.87	-0.14	0.03
2	东莞信托	0.78	1.38	-1.16
3	江苏国信	0.47	-0.04	0.08
4	北方国信	0.42	0.41	0.04
5	紫金信托	0.41	-0.04	0.21
6	国联信托	0.39	-0.55	0.32
7	昆仑信托	0.25	-0.11	0.10
8	国民信托	0.20	0.18	0.05
9	爱建信托	0.15	0.71	0.19
10	陆家嘴信托	0.14	0.06	-0.04
11	陕西国信	0.14	0.08	0.15
12	平安信托	0.05	0.18	0.13
13	西藏信托	0.04	0.13	0.07
14	金谷信托	0.03	0.07	0.08
15	中铁信托	0.02	0.35	0.03
16	云南国信	0.01	-0.04	-0.01
17	天津信托	0.00	0.10	-0.01
18	英大信托	0.00	0.00	0.00
19	厦门国信	-0.01	0.01	0.05
20	西部信托	-0.01	0.00	0.03
21	苏州信托	-0.01	0.34	0.45

续表

序号	公司简称	2022年	2021年	2020年
22	建信信托	-0.02	0.01	0.14
23	华鑫信托	-0.03	0.01	0.08
24	兴业信托	-0.06	-0.08	0.03
25	五矿信托	-0.06	-0.19	0.13
26	上海国信	-0.06	-0.03	0.01
27	光大信托	-0.07	-0.10	-0.08
28	中航信托	-0.07	0.00	-0.06
29	国通信托	-0.09	0.04	未披露
30	渤海信托	-0.10	0.10	0.02
31	国投泰康	-0.12	0.20	0.04
32	交银国信	-0.12	0.00	0.09
33	浙金信托	-0.13	-0.02	0.04
34	中泰信托	-0.14	0.07	-0.29
35	安信信托	-0.16	0.04	-0.12
36	外贸信托	-0.16	-0.02	0.00
37	百瑞信托	-0.16	-0.19	-0.44
38	华澳信托	-0.18	0.17	0.16
39	中原信托	-0.25	0.15	-0.06
40	民生信托	-0.36	-0.31	-0.01
41	山西信托	-0.40	0.11	-0.02
42	长城新盛	-0.42	0.08	-0.05
43	重庆国信	-0.47	-0.04	-0.01
44	工商信托	-0.82	-0.15	-0.03
45	长安国信	未披露	0.07	0.13
46	大业信托	未披露	-0.03	0.10
47	北京国信	未披露	-0.25	0.00
48	中诚信托	未披露	未披露	未披露
49	中海信托	未披露	未披露	未披露
50	中融信托	未披露	未披露	未披露
51	中信信托	未披露	未披露	未披露
52	华融国信	未披露	未披露	未披露
53	粤财信托	未披露	未披露	未披露
54	财信信托	未披露	未披露	未披露
55	华宝信托	未披露	未披露	未披露
56	山东国信	未披露	未披露	未披露

续表

序号	公司简称	2022年	2021年	2020年
57	华润信托	未披露	未披露	未披露
58	雪松国信	未披露	未披露	未披露
59	中建投信托	未披露	未披露	未披露
60	华能贵诚	未披露	未披露	未披露
61	四川信托	未披露	未披露	未披露
62	中粮信托	未披露	未披露	未披露
63	万向信托	未披露	未披露	未披露
64	华信信托	未披露	未披露	未披露
65	新时代	未披露	未披露	未披露
66	国元信托	未披露	未披露	－0.03
67	吉林信托	未披露	未披露	－0.11

第三节 人均净利润

从2022年的年报披露情况来看,有56家信托公司公布了人均净利润,与2021年相比,增加了国元信托和山东国信,减少了北京国信、大业信托和长安国信。

2022年,信托行业平均人均净利润为232.23万元,比2021年下降了48.07万元。自2016年起平均人均净利润指标出现下降,至2019年连续4年维持下降态势,2020年虽出现小幅上升,但在2022年又出现了大幅度下降。

从人均净利润的统计分析来看,信托公司人均净利润均未超过1000万元。表2－7显示了2018—2022年信托公司人均净利润相关的主要统计指标。

表2－7　　　2018—2022年信托公司人均净利润的统计分析

项目	2018年	2019年	2020年	2021年	2022年
平均值(万元)	323.13	311.92	320.76	280.30	232.23
平均值增长(万元)	－46.07	－11.21	8.84	－40.46	－48.07
平均值增长率(%)	－12.48	－0.03	2.83	－12.61	－17.15
公司数目(家)	64	63	59	57	56
最大值(万元)	1711.21	1760.48	1364.34	1014.18	894.07
最小值(万元)	－149.05	－98.99	－115.54	－725.42	－491.03
标准差(万元)	287.61	320.66	263.94	281.68	249.99
变异系数	0.89	1.03	0.82	1.00	1.08

从人均净利润排名来看,2022年,人均净利润表现比较优异的前5名信托公司为:江苏国信(894.07万元)、粤财信托(717.68万元)、中融信托(709.73万元)、英大信托(663.45万元)和华能贵诚(662.82万元)(见表2-8)。可以发现,2015年有50家信托公司的人均净利润达到了150万元以上,2016年实现150万元以上的公司达到了54家,2017年与2016年持平,都保持在53家,2018年则下降为49家,2019年下降至44家,2020年下降至41家,2021年下降至37家,2022年下降至33家。具体变化趋势如图2-2所示。

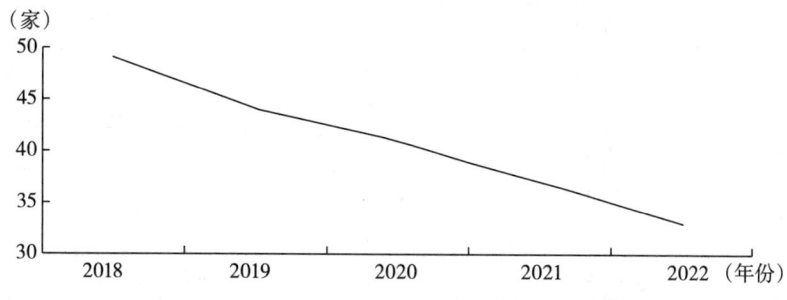

图2-2　2018—2022年人均净利润150万元以上公司数

从人均净利润增幅来看,2022年,人均净利润增幅排名前5的信托公司为平安信托(增长71.23%)、山西信托(增长45.75%)、华宸信托(增长28.98%)、中信信托(增长25.48%)、国民信托(增长20.56%)。人均净利润降幅最大的公司是华澳信托,降幅达到422.20%。由此可见,行业内部分公司的人均净利润指标的年度差异性较大。如表2-9所示。

2022年,在受到新冠疫情严重影响下,行业平均盈利水平整体下滑。相比2021年,2022年信托公司人均净利润增幅平均下降19.90%。

表2-8　　　　　　　　　　人均净利润序列(2022年)　　　　　　　　　　单位:万元

序号	公司简称	2022年	2021年	2020年
1	江苏国信	894.07	914.66	943.76
2	粤财信托	717.68	721.85	496.60
3	中融信托	709.73	685.84	229.32
4	英大信托	663.45	613.90	657.66
5	华能贵诚	662.82	1014.18	1022.89
6	国联信托	572.87	501.43	565.52
7	华鑫信托	544.14	538.54	397.76
8	建信信托	534.93	548.46	399.59

续表

序号	公司简称	2022年	2021年	2020年
9	华润信托	533.1	818.60	716.71
10	中信信托	439.41	350.18	273.25
11	国元信托	416.00	未披露	332.76
12	国投泰康	402.38	481.71	449.97
13	紫金信托	401.18	402.70	305.32
14	交银国信	384.67	512.59	518.46
15	财信信托	362.00	362.00	326.00
16	五矿信托	339.04	467.03	602.13
17	中诚信托	309.26	300.86	286.28
18	西藏信托	302.76	417.91	396.30
19	苏州信托	301.65	322.73	275.62
20	华宝信托	262.60	267.58	241.02
21	厦门国信	244.34	302.33	260.19
22	中海信托	232.21	-725.42	140.85
23	百瑞信托	229.00	342.92	542.47
24	平安信托	223.06	130.27	538.82
25	上海国信	219.18	333.12	382.43
26	天津信托	217.51	253.40	305.97
27	中铁信托	213.00	269.00	361.00
28	陆家嘴信托	209.09	396.56	316.61
29	中航信托	201.51	579.75	579.75
30	浙金信托	190.32	229.15	287.94
31	国通信托	183.01	163.82	124.57
32	外贸信托	178.76	360.98	309.97
33	重庆国信	166.37	850.67	1364.34
34	光大信托	142.48	177.44	295.08
35	中粮信托	137.49	201.36	97.02
36	云南国信	137.00	135.00	106.00
37	国民信托	131.39	108.98	92.22
38	西部信托	126.96	128.77	118.97
39	北方国信	117.97	129.78	109.77
40	中泰信托	117.05	98.69	232.25
41	万向信托	99.58	194.78	168.21
42	爱建信托	77.31	180.95	224.22
43	金谷信托	53.79	55.05	69.35

续表

序号	公司简称	2022年	2021年	2020年
44	中原信托	42.28	119.13	121.60
45	华宸信托	40.06	31.06	22.52
46	山西信托	16.47	11.30	7.39
47	华融国信	16.24	207.70	未披露
48	东莞信托	11.66	22.44	141.23
49	渤海信托	6.49	19.87	649.00
50	山东国信	0	未披露	未披露
51	长城新盛	-4.11	-55.99	-115.54
52	兴业信托	-31.82	33.69	208.18
53	工商信托	-97.00	141.00	289.00
54	昆仑信托	-136.86	123.87	459.09
55	中建投信托	-207.6	72.52	130.52
56	华澳信托	-491.03	152.40	191.20
57	北京国信	未披露	301.00	285.00
58	大业信托	未披露	67.16	60.93
59	长安国信	未披露	55.59	58.62
60	安信信托	未披露	未披露	未披露
61	陕西国信	未披露	未披露	未披露
62	雪松国信	未披露	未披露	未披露
63	民生信托	未披露	未披露	-68.02
64	四川信托	未披露	未披露	未披露
65	新时代	未披露	未披露	未披露
66	吉林信托	未披露	未披露	19.41
67	华信信托	未披露	未披露	未披露

表2-9　　　　　　　　人均净利润增幅序列(2022年)　　　　　　　　(%)

序号	公司简称	2022年	2021年	2020年
1	平安信托	71.23	-75.82	-14.14
2	山西信托	45.75	52.91	-42.04
3	华宸信托	28.98	37.92	-132.37
4	中信信托	25.48	28.15	-42.91
5	国民信托	20.56	18.17	16.01
6	中泰信托	18.60	-57.51	93.82
7	国联信托	14.25	-11.33	-49.30
8	国通信托	11.71	31.51	未披露

续表

序号	公司简称	2022年	2021年	2020年
9	英大信托	8.07	-6.65	13.80
10	中融信托	3.48	199.08	0.50
11	中诚信托	2.79	5.09	0.03
12	云南国信	1.48	27.36	-15.87
13	华鑫信托	1.04	35.39	17.94
14	财信信托	0.00	11.04	165.04
15	紫金信托	-0.38	31.89	18.19
16	粤财信托	-0.58	45.36	5.48
17	西部信托	-1.41	8.24	15.24
18	华宝信托	-1.86	11.02	3.58
19	江苏国信	-2.25	-3.08	-34.83
20	金谷信托	-2.29	-20.62	102.07
21	建信信托	-2.47	37.26	-15.15
22	苏州信托	-6.53	17.09	2.01
23	北方国信	-9.10	18.23	25.67
24	天津信托	-14.16	-17.18	-15.85
25	国投泰康	-16.47	7.05	14.53
26	浙金信托	-16.95	-20.42	8.08
27	厦门国信	-19.18	16.20	9.35
28	光大信托	-19.70	-39.87	1.97
29	中铁信托	-20.82	-25.48	11.08
30	交银国信	-24.96	-1.13	5.25
31	五矿信托	-27.41	-22.44	16.08
32	西藏信托	-27.55	5.45	-18.58
33	中粮信托	-31.72	107.54	112.95
34	百瑞信托	-33.22	-36.79	-5.19
35	上海国信	-34.20	-12.89	0.68
36	华能贵诚	-34.64	-0.85	17.50
37	华润信托	-34.88	14.22	-6.65
38	陆家嘴信托	-47.27	25.25	65.25
39	东莞信托	-48.04	-84.11	-20.76
40	万向信托	-48.88	15.80	-7.74
41	外贸信托	-50.48	16.46	-26.99
42	爱建信托	-57.28	-19.30	-15.59
43	中原信托	-64.51	-2.03	-26.16

续表

序号	公司简称	2022年	2021年	2020年
44	中航信托	-65.24	0.00	-4.33
45	渤海信托	-67.34	-96.94	49.47
46	重庆国信	-80.44	-37.65	-22.50
47	长城新盛	-92.66	-51.54	-147.35
48	中海信托	-132.01	-615.03	-61.13
49	工商信托	-168.79	-51.21	-3.34
50	兴业信托	-194.45	-83.82	-0.53
51	昆仑信托	-210.49	-73.02	28.28
52	中建投信托	-386.27	-44.44	-38.89
53	华澳信托	-422.20	-20.29	34.57
54	大业信托	未披露	10.22	-10.95
55	北京国信	未披露	5.61	4.78
56	长安国信	未披露	-5.17	-10.35
57	国元信托	未披露	-100.00	25.43
58	安信信托	未披露	未披露	未披露
59	陕西国信	未披露	未披露	未披露
60	山东国信	未披露	未披露	未披露
61	雪松国信	未披露	未披露	未披露
62	华融国信	未披露	未披露	未披露
63	四川信托	未披露	未披露	未披露
64	民生信托	未披露	未披露	-139.27
65	吉林信托	未披露	未披露	-85.59
66	新时代	未披露	未披露	未披露
67	华信信托	未披露	未披露	未披露

第三章 信托资产的分布与运用分析

第一节 信托资产规模分析

一、信托资产规模的整体分析

2022年,信托行业平均信托资产规模为33830947万元,比2021年增长了1261299万元,增长幅度为3.87%。2014—2017年,信托公司的信托资产规模连续三年实现增长,并且其增速也呈现递增趋势。但是2018年随着宏观经济增速放缓以及金融监管机制的不断增强,信托资产规模进入下行区间。2018—2020年,信托资产规模连续三年下降。其中,2018年信托资产规模均值为33414889万元,同比下降10.89%;2019年信托资产规模均值为32273384万元,同比下降3.42%;2020年信托资产规模均值为31771867万元,同比下降1.55%。2021年开始,信托资产规模行业均值不仅实现止跌回升,而且实现了连续两年的增长,对比自营资产规模的变化,可以发现信托行业回归本源的趋势较为明显。

通过分析相关数据,可以发现如下两个显著特征:第一,行业内信托资产规模分化现象较为明显。在连续两年披露了信托资产规模数据的59家信托公司中,有26家信托公司信托资产规模同比增长,有33家信托公司信托资产规模同比下降。从均值与中位数的对比来看,2022年信托资产规模的均值为33830947万元,中位数为20763115万元,均值远远大于中位数。因此行业内信托资产规模的增长具有非均衡性。第二,信托资产行业集中度有所提升。已披露年报的信托公司中有18家信托资产增幅超过20%,增幅最高的达到170.12%;有11家信托资产降幅超过20%,降幅最大的为35.67%。信托资产排名前10的信托公司信托资产规模总额为1010983180万元,占行业总额的49.81%。行业内信托资产规模增长前10位信托公司的增长均值为19798127万元,但整个行业信托资产规模增长均值仅为1261299万元,有大量信托公司的信托资产出现下降。这表明信托公司之间的差距在进一步加大。

2022年,在进行了相关信息披露的信托公司中,有33家信托公司缩减了信托资产规模。虽然与2017年仅有11家信托公司负向调整信托资产的数据相比仍然存在一定差距,但是相比于2021年减少了5家。从公司层面来看,中信信托、华润信托、紫金信托、华鑫信托、中诚信托、国投泰康、英大信托、中原信托、百瑞信托的信托资产规模均实现了1000亿元以上的规模增长。从信托资产规模分布的平均程度来看,2022年信托资产规模分布的标准差(36630770万元)与2021年的标准差(34382825万元)相比仍有较大程度的上升。与此同时,变异系数在经历了2015—2018年的持续下行之后,2019年出现拐点,增加至0.94,2020年上升至0.97,2021年与2022年进一步上升至1.06与1.08。这表明经过2018年的不利行业环境后,不同信托公司的调整能力存在一定的差异,导致行业内的金字塔现象更为明显。具体数据如表3-1所示。

表3-1　　　　2018—2022年信托公司信托资产规模的统计分析

项目	2018年	2019年	2020年	2021年	2022年
平均值(万元)	33414889	32273384	31771867	32569648	33830947
平均值增长幅度(万元)	-5233996	-1141505	-501518	797781	1261299
平均值增长率(%)	-10.89	-3.42	-1.55	2.51	3.87
公司数目(家)	68	66	62	61	60
信托资产缩减的公司数(家)	52	47	42	38	33
最大值(万元)	165219704	157415596	152611401	169772922	165866574
最小值(万元)	219914	213840	80577	78397	73290
标准差(万元)	29825848	30354435	30922826	34382825	36630770
变异系数	0.89	0.94	0.97	1.06	1.08

二、信托资产规模的公司分析

从信托资产规模排名来看,2022年,信托资产规模最大的信托公司前5名分别为:华润信托(165866574万元)、中信信托(154085078万元)、建信信托(145742959万元)、外贸信托(107741906万元)以及光大信托(95046637万元)。整体而言,2022年的信托资产排名和2021年相比发生了小幅变化。其中,华润信托由2021年的第2名上升至2022年的第1名,连续两年排名均有所提升,并且其2022年的增幅也位居行业第2。中信信托由2021年的第5名上升至2022年的第2名,也是2022年信托资产规模增幅最大的公司。建信信托由2021年的第1名下降至2022年的第3名,该公司2022年信托资产规模降幅达到24029963万元,是行业内降幅最大的公司。外贸信托由2021年的第3名小幅下降至2022年的第4名,其信托资产规模在2022年也下降了2771940万元。光大信托则由2021年的第4名下降至2022年的第5名,其2022年信托资产规模的降幅也达到14523670万元。2022年信托资产规模达到1000亿元以上的公司达到43家,相比2021年减少4家。此外,信托资产达到500亿元以上的公司2016年为59家,2017年增加至63家,2018年增加至64家,2019年下降至62家,2020年进一步下降至56家。2021年与2022年信托资产达到500亿元以上的公司数均与2020年持平,即为56家。

从信托资产增长幅度来看,2022年,信托资产增长幅度前5名分别为中信信托(+56207318万元)、华润信托(+34972767万元)、紫金信托(+19509774万元)、华鑫信托(+15238475万元)以及中诚信托(+14354422万元)。与2021年相比,信托资产增长排名前5的信托公司出现了一定的变化。其中,中信信托由2021年的第60名上升至2022年的第1名,该公司在2021年出现信托资产大幅下滑的基础上,在2022年实现了止跌回升。紫金信托由2021年的第34名上升至2022年的第3名,华鑫信托则由2021年的第25名上升至2022年的第4名,中诚信托也由2021年的第14名上升至2022年的第5名。值得注意的是,在信托资产增幅排名前5的信托公司中,除了中诚信托在2021年和2022年连续两年实现了信托资产增长之外,其余4家公司均在2021年信托资产大幅下降的条件下,于2022年实现了回升。华润信托连续两年信托资产增幅排在行业第2,表明其增长趋势较为稳定。外贸信托在2022年的信托资产规模有所下降,其排名也从2021年的第1名下降至2022年的第42名。建信信托由2021年的第3名下降至2022年的第44名,五矿信托由2021年的第4名下降至2022年的第53名,中原信托则由2021年的第5名小幅下降至2022年的第8名。

从信托资产规模增长率来看,2022年,信托资产规模增长率排名前5的信托公司为紫金信托(增长170.12%)、国投泰康(增长86.54%)、北方国信(增长63.53%)、华鑫信托(增长62.16%)和中诚信托(增长61.04%)。该指标体现出两个显著特征:一方面,2021年信托资产规模增长率排名前5的公司即外贸信托、山西信托、中原信托、云南国信和粤财信托在2022年均没有进入前5,这说明该指标排名存在较大的波动性;另一方面,将2022年信托资产规模增长率排名前5的信托公司与2021年相比,其平均增长率显著高于上一年,这进一步表明信托公司间的差异性更为显著。

从 2013 年以来各年信托资产规模的稳定程度来看,最稳定的前 3 家公司分别是中融信托(变异系数为 0.11)、苏州信托(变异系数为 0.15)以及重庆国信(变异系数为 0.15)。另外,信托资产规模波动程度最大的前 3 家公司分别是光大信托(变异系数为 0.69)、国民信托(变异系数为 0.62)以及爱建信托(变异系数为 0.60)。

第二节 信托资产分布分析

一、信托资产分布的行业分析

信托公司的信托资产可以分为基础产业资产、房地产业资产、证券业资产、实业资产以及金融机构资产等 5 大行业类别。2017—2022 年信托公司信托资产的行业分布特征如图 3-1 所示。

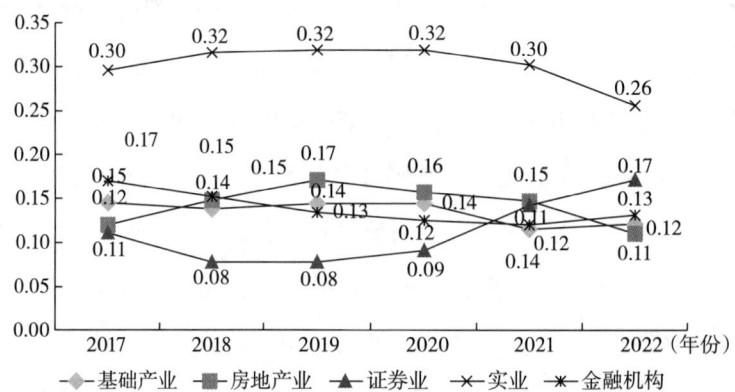

图 3-1 2017—2022 年信托资产的行业占比平均值分布

第一,2012 年以前,信托资产在基础产业的分布比例是最大的,此后连续 7 年,实业资产超过了基础资产,位于资产比例的首位。2021 年,实业资产占比为 30%,虽然继续维持在 5 大行业中的第 1 位,但同比有所下降。这可能是 2021 年新冠疫情反复和宏观经济下滑的叠加效应,导致实体经济发展受阻,进而对信托资产投向产生了一定的影响。基础产业资产在 2012 年以后开始进入下行通道,2018 年至 2020 年连续 3 年,基础产业占比均值仅为 14%,2021 年进一步下降为 11%。2022 年该指标有所回升,增至 12%。这表明信托行业开始重新注重对基础产业的资产配置。

第二,房地产业资产占比进一步下降,由 2020 年的 16% 降至 2021 年的 15%,2022

年该指标进一步降至11%。由于疫情导致的房价下降,加之新生人口数锐减等不利因素的影响,在房地产行业价格下降以及交易量减少成为普遍现象的背景下,信托行业对于房地产类资产的配置较为谨慎。

第三,2022年,金融机构资产占比为13%,相比于2021年的12%上升了1个百分点。证券业资产占比为17%,相比于2021年的14%上升了3个百分点。在中国资本市场中,金融投资和房地产投资存在一定的替代性。通过数据对比可以发现,在近年来房地产市场疲软的情况下,信托行业逐步增加对金融类资产的配置,表明中国经济脱实向虚的特征还没有得到根本缓解。

图3-2描述了2017—2022年信托资产行业分布比例的变异系数。

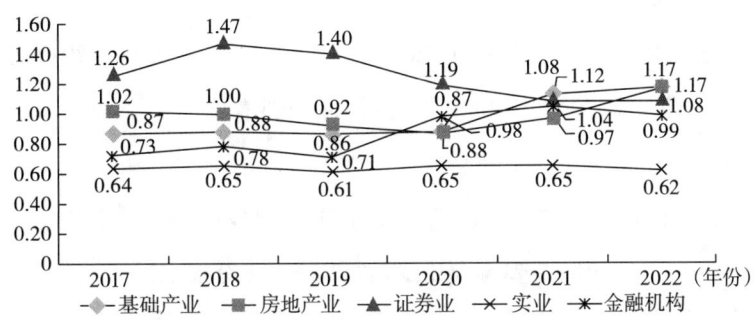

图3-2 2017—2022年信托资产行业分布比例的变异系数

第一,对于房地产业,2013—2015年,其变异系数逐渐加大,2015年达到创纪录的1.49。从2016年开始,该指标逐步下滑,2016年房地产业变异系数为1.09,2017年与2018年分别降至1.02与1.00。2019年与2020年,该指标进一步降至0.92与0.87,连续两年小于1。2021年,该指标反弹至0.97。2022年,该指标进一步上升至1.17,成为五大行业中变异系数最高的。结合2022年房地产资产占比均值大幅下降的特征,表明信托行业对于房地产资产的配置不仅大幅减少,而且差异性较为显著。

第二,2015年以前,基础产业资产的变异系数一直比较低,而且相对稳定,一直维持在0.60左右。自2015年开始,该指标进入上行通道,增长至0.78。2016年与2015年基本持平,而在2017年该指标又大幅上升至0.87,并进入增长与下降的交替期。2018年该指标上升至0.88,2019年下降至0.86,2020年至2022年,该指标实现了连续三年的增长,分别为0.88、1.12与1.17。上述数据表明,由于基础设施投资一度在我国宏观经济增长中扮演重要角色,因此在2015年以前,大部分信托公司都将基础产业作为资产配置的重点。2015年以后,行业内不同信托公司之间对于基础产业资产配置之间的差异也在逐步加大。

第三,证券业资产的变异系数波动较大。2014年至2019年,证券业资产变异系数有4年都超过了1,相对较高。2015年证券业资产变异系数小幅上升至0.87,2016年增加至1.46,2017年下降至1.26,2018年反弹至1.47。2019年与2020年,该指标下降至1.40与1.19。2021年与2022年,该指标均为1.08。

第四,对于实业资产,各信托公司的态度在各年的变化相对较小。2015年,实业资产变异系数为0.82,2016年大幅下降至0.64,并在2017年和2018年基本保持不变。2019年,该指标下降至0.61。2020年与2021年,该指标有所上升,均为0.65。2022年,该指标进一步下降至0.62。

最后,对于金融机构资产分布占比,2016年的变异系数为0.80。2017年至2019年,该指标呈现下降趋势。2020年与2021年,该指标分别增长至0.98与1.04。2022年,该指标降至0.99。

2018—2022年信托公司信托资产的行业分布占比情况如表3-2所示。

表3-2　　　　　　　2018—2022年信托公司信托资产行业分布占比

项目		2018年	2019年	2020年	2021年	2022年
披露公司数目		66	66	62	60	60
基础产业	规模(万元)	4715148	4760873	4109024	3472436	4032743
	占比(%)	13.76	10.03	14.41	11.48	12.10
	占比最大值(%)	68.33	72.46	76.66	83.28	84.18
	占比最小值(%)	0.00	0.00	0.66	0.00	0.00
	标准差(%)	12.17	12.37	12.75	12.73	14.10
	变异系数	0.88	0.86	0.88	1.12	1.17
房地产业	规模(万元)	3912241	5301268	3411718	3129432	2070352
	占比(%)	14.81	17.09	15.66	14.68	10.95
	占比最大值(%)	79.33	78.48	62.14	60.08	58.40
	占比最小值(%)	0.17	0.12	0.18	0.00	0.06
	标准差(%)	14.85	15.73	13.59	14.25	12.76
	变异系数	1.00	0.92	0.87	0.97	1.17

续表

项目		2018年	2019年	2020年	2021年	2022年
证券业	规模(万元)	3786329	3517235	3755842	7463521	8380448
	占比(%)	7.81	7.81	9.12	14.21	17.09
	占比最大值(%)	52.41	51.77	53.20	64.44	77.75
	占比最小值(%)	0.00	0.00	0.00	0.00	0.00
	标准差(%)	11.51	10.91	10.87	15.40	18.40
	变异系数	1.47	1.40	1.19	1.08	1.08
实业	规模(万元)	8903421	9072175	7991991	7377288	8874473
	占比(%)	31.56	31.87	31.86	30.14	25.59
	占比最大值(%)	94.19	94.75	88.15	82.67	75.44
	占比最小值(%)	1.70	1.84	2.26	0.75	0.36
	标准差(%)	20.66	19.50	20.65	19.57	18.29
	变异系数	0.65	0.61	0.65	0.65	0.62
金融机构	规模(万元)	5740746	5041472	3912478	4955216	4700270
	占比(%)	15.24	13.40	12.46	12.03	13.12
	占比最大值(%)	48.50	35.89	51.21	63.05	63.56
	占比最小值(%)	0.00	0.00	0.00	0.00	0.00
	标准差(%)	11.88	9.54	12.18	12.48	12.94
	变异系数	0.78	0.71	0.98	1.04	0.99

二、信托资产分布的公司分析

2022年各项信托资产占比排名前3的公司如表3-3所示。

表3-3　　　　　　　　2022年各项信托资产占比排名前3的公司

项目	第1名	第2名	第3名
基础产业资产	英大信托(84.18%)	华鑫信托(44.73%)	天津信托(44.01%)
房地产业资产	万向信托(58.40%)	爱建信托(46.32%)	华澳信托(40.66%)
证券业资产	华润信托(77.75%)	外贸信托(71.87%)	平安信托(65.78%)
实业资产	西部信托(75.44%)	山西信托(72.79%)	渤海信托(64.72%)
金融机构资产	中海信托(63.56%)	上海国信(46.87%)	中粮信托(36.77%)

2022年基础产业资产占比排名前3的公司和2021年相比变化不大,英大信托与华鑫信托连续两年位居前两名。天津信托由2021年的第46名上升至2022年的第3名,该公司在2022年大幅度增加了基础产业资产的配置规模。华澳信托则由2021年的第3名下降至2022年的第8名。

2022年房地产业资产占比排名前3的公司和2021年相比也仅有小幅调整。万向信托和爱建信托仍然位居行业内前两名,但其房地产业资产占比和2021年相比均有所下降。华澳信托和工商信托的排名出现了对调,华澳信托由2021年的第4名上升至2022年的第3名,而工商信托则由2021年的第3名下降至2022年的第4名。

2022年证券业资产占比排名中,华润信托与外贸信托相比2021年没有发生变化,仍然位于第1名和第2名。平安信托由2021年的第4名上升至2022年的第3名,而江苏国信则由2021年的第3名下降至2022年的第5名。

2022年实业资产占比排名前3的公司和2021年相比出现了一定的变化。其中西部信托和山西信托的排名出现了对调。西部信托由2021年的第2名上升至2022年的第1名,而山西信托则由2021年的第1名下降至2022年的第2名。渤海信托由2021年的第4名上升至2022年的第3名,而天津信托则由2021年的第3名下降至2022年的第32名。天津信托在2022年大幅度增加了基础产业资产的配置规模,降低了实业资产的配置规模。

2022年金融机构资产占比排名前3的公司和2021年相比发生了一定的变化。其中,中海信托在2022年仍然占据行业第1名。上海国信由2021年的第3名上升至2022年的第2名,中粮信托由2021年的第10名上升至2022年的第3名,而浙金信托则由2021年的第2名下降至2022年的第4名。

2022年各项信托资产规模排名前3的公司如表3-4所示。

表3-4　　　　　2022年各项信托资产规模排名前3的公司　　　　　单位:亿元

项目	第1名	第2名	第3名
基础产业资产	英大信托 (5541)	华鑫信托 (1778)	光大信托 (1666)
房地产业资产	中信信托 (1244)	光大信托 (699)	中融信托 (673)
证券业资产	华润信托 (12896)	外贸信托 (7744)	五矿信托 (3959)

续表

项目	第1名	第2名	第3名
实业资产	中信信托 (8482)	光大信托 (3827)	百瑞信托 (2710)
金融机构资产	建信信托 (2709)	上海国信 (2209)	中融信托 (2066)

2022年基础产业资产规模排名前3的公司与2021年相比发生了一定的变化。其中,英大信托在2021年和2022年连续两年排名行业第1。华鑫信托由2021年的第6名上升至2022年的第2名,上海国信由2021年的第2名下降至2022年的第10名,中信信托则由2021年的第3名下降至2022年的第8名。

2022年房地产业资产规模排名前3的公司与2021年相比有了小幅变动。其中,中信信托和中融信托连续两年位居行业第1和第3。中航信托由2021年的第2名下降至2022年的第4名。值得注意的是,2020年前3名信托公司房地产业资产规模均超过1000亿元,而2021年与2022年只有中信信托房地产业资产规模超过1000亿元,这表明信托行业对于房地产业投资较为谨慎。

2022年证券业资产规模排名前3的公司与2021年完全相同,华润信托、外贸信托、五矿信托仍然位于行业前三名。值得注意的是,华润信托2022年证券业资产投资规模达到12896亿元,首次突破了万亿元大关。

2022年实业资产规模排名前3的公司与2021年相比发生了较大变化。中信信托由2021年的第6名上升至2022年的第1名,百瑞信托由2021年的第2名下降至2022年的第3名,中航信托则由2021年的第3名下降至2022年的第11名。

2022年金融机构资产规模排名前3的公司与2021年相比也发生了一定的变化。建信信托由2021年的第2名上升至2022年的第1名,上海国信由2021年的第3名上升至2022年的第2名,中融信托由2021年的第6名上升至2022年的第3名,华能贵诚则由2021年的第1名下降至2022年的第10名。

另外,从2013年以来各年信托资产构成比例的稳定程度来看,陕西国信、工商信托、长安国信、吉林信托、华信信托分别在基础产业资产、房地产业资产、证券业资产、实业资产和金融机构资产中的投资比例较为稳定。具体数据如表3-5所示。

表 3-5　2013—2022 年各项信托资产投资比例稳定程度排名前 3 的公司

项目	第1名	第2名	第3名
基础产业资产	陕西国信 (28.31%,0.12)	华融国信 (13.72%,0.14)	华澳信托 (31.63%,0.15)
房地产业资产	工商信托 (68.14%,0.20)	华信信托 (24.20%,0.21)	大业信托 (26.33%,0.23)
证券业资产	长安国信 (10.17%,0.21)	外贸信托 (49.57%,0.23)	交银国信 (17.26%,0.29)
实业资产	吉林信托 (65.57%,0.08)	中融信托 (37.97%,0.09)	上海国信 (19.36%,0.10)
金融机构资产	华信信托 (21.69%,0.12)	四川信托 (16.87%,0.23)	中融信托 (30.52%,0.29)

注：表中括号内第一个数字是平均值，第二个数字是变异系数。

第三节　信托资产运用分析

一、信托资产的运用分析

信托资产的运用方式可以分为货币资产、贷款、长期投资和交易性金融资产等。2017—2022 年，信托公司信托资产运用的分布特征如图 3-3 所示。

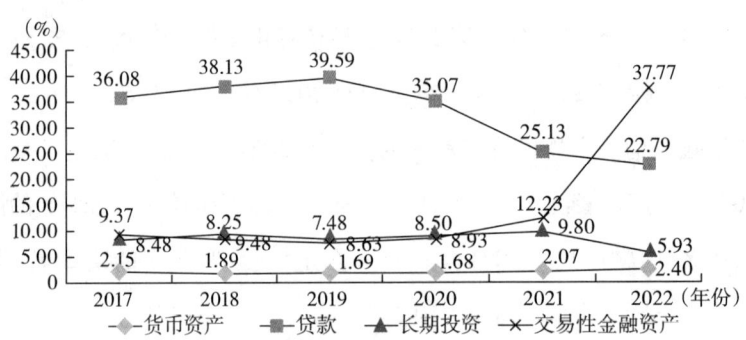

图 3-3　2017—2022 年信托公司信托资产的运用分布

2022 年，交易性金融资产占比首次位于信托资产运用的第 1 名，改变了信托资产运用的传统格局。从交易性金融资产占比的变动趋势来看，2014—2016 年，交易性金融资产占比呈逐年上升趋势，2014 年为 7.99%，2015 年为 9.42%，2016 年进一步提升至

10.50%。2017—2019年,交易性金融资产占比又进入为期3年的下行通道,2017年为9.37%,2018年为8.25%,2019年进一步降至7.48%。2020年与2021年,该指标又出现回弹,2020年增长至8.50%,2021年大幅度增长至12.23%。2022年,该指标进一步上升至37.77%,相比上一年增幅超过25个百分点。交易性金融资产相比于贷款资产与货币资产而言,盈利能力相对更强,同时该类资产还兼具较高的流动性。在宏观经济增速下行以及业务转型的背景下,大部分信托公司都大量增持该类资产。

2016—2021年,贷款资产的比例一直居于首位,但其数值存在一定波动。2011—2013年,贷款资产比例持续上升,由2011年的36.76%上升至2013年的45.05%,2014年和2015年连续2年下跌至34.76%,2016年贷款资产比例又一次出现上升,小幅反弹至37.97%,2017年小幅下降至36.08%,2018年与2019年该指标连续两年上升,分别为38.13%和39.59%。2020年与2021年,贷款资产占比分别为35.07%和25.13%。2022年,该数据进一步下降至22.79%,贷款资产占比排名第1的位置被打破。贷款业务是信托行业的传统运作方式,该指标的下降可能标志着信托公司依靠传统通道业务获利的模式已经一去不复返,信托行业正在寻求业务创新与行业转型。

2022年,长期投资占比仍居于信托资产运用的第3位。2013年,该指标达到8.67%,2014年和2015年分别降至7.53%和6.73%。2016年开始该指标进入上升通道,2016年和2017年分别增至8.43%和8.48%,2018年达到9.48%。2019年和2020年,长期投资占比相对于2018年有所下降,分别为8.63%和8.93%。2021年该指标进一步增长至9.80%。虽然2021年长期投资占比相比于2020年有所提升,但是由于其增速低于交易性金融资产,因此降至信托资产运用的第3位。2022年,长期投资占比的排名没有变化,但该指标进一步下降至5.93%。与交易性金融资产相比,在长期投资中信托公司更能够发挥其主动管理能力,但是由于其投资期限长,配置该类资产会增加信托公司的投资风险,在内外部环境还不甚明朗的条件下,信托行业在2022年普遍减少了该类资产运用。

货币资产的比例在2015—2020年呈逐年下降趋势。2015年该指标小幅下跌至6.75%,2016年大幅下跌至3.04%,2017年和2018年更是进一步降至2.15%和1.89%的低点。2019年与2020年,该趋势没有得到逆转,货币资产占比仅为1.69%和1.68%,为近年来的最低水平。2021年,货币资产占比提升至2.07%,2022年该指标进一步提升至2.40%,但仍然处于低位。由此可见,货币资产虽然风险水平相对较低,但是由于其盈利能力相对较差,因此在信托行业发展过程中,该类资产占比仍然较低。

综上可以发现信托资产运用的如下特征:第一,相比于2021年,贷款和长期投资这两类资产占比在2022年均有所下降,贷款体现了信托行业的传统利润来源,长期投资则带来较长的投资期限和较大的投资风险。这两类资产占比的下降表明信托公司在进行业务转型的同时,对于资产的流动性仍然有较高要求。第二,货币资产占比仍然低位运行,表明信托行业仍然注重信托资产的主动管理能力和盈利水平。2022年货币资产占比和2021年相比稍有提升,表明信托行业对于资产的流动性有了更高的要求。第三,交易性金融资产占比在2022年大幅上升,并且跃居四类资产第一,其兼具流动性和盈利性的特征似乎是信托公司在不确定环境下做出共同选择的原因。

图3-4描述了2017—2022年各信托公司信托资产运用方式比例的变化速度。

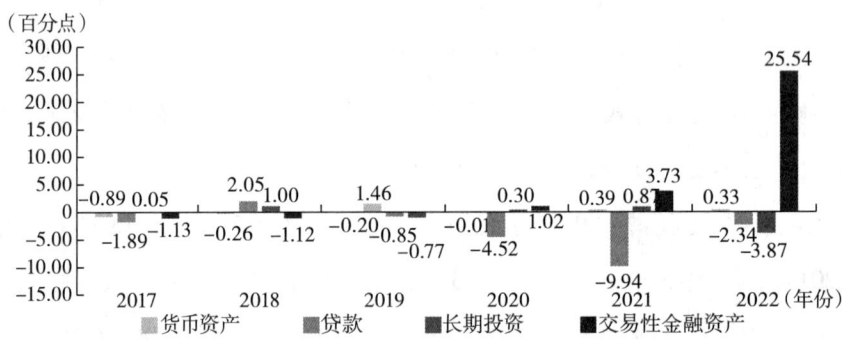

图3-4 2017—2022年各信托公司信托资产运用方式比例的变化速度

其中,货币资产的最小值为2017年的-0.89个百分点,最大值为2021年的0.39个百分点。贷款资产的最小值为2021年的-9.94个百分点,最大值为2018年的2.05个百分点。长期投资的最小值为2022年的-3.87个百分点,最大值为2018年的1.00个百分点。交易性金融资产的最小值为2017年的-1.13个百分点,最大值为2022年的25.54个百分点。通过上述数据可以发现,很多极值都集中于2021年和2022年,这表明信托行业在这两年内对于信托资产运用进行了较大程度的调整。

图3-5描述了2017—2022年信托资产运用方式构成比例的变异系数。首先,贷款的变异系数一直比较低,2017年之后,变异系数均分布于0.40~0.65,最大值为2022年的0.65,最小值为2018年的0.40。这表明,不同信托公司对贷款资产比例的态度比较一致。其次,2017—2020年,长期投资的变异系数也比较稳定,分布于0.75~0.88区间,均没有超过1。但值得注意的是,2021年长期投资变异系数为0.97,2022年进一步增加至

1.61。结合长期投资占比 2022 年大幅下降的特征,可以发现信托行业普遍降低了长期投资资产的规模,但长期投资资产相对较高的投资回报率也使得行业内部的调整速度存在较大差异。再次,货币资产的变异系数在 2022 年进一步增加。2016 年,货币资产的变异系数达到 1.61,之后该指标一直呈现下降趋势,2017 年为 1.50,2018 年为 1.14,2019 年为 1.03。2020 年该指标降至 0.81,2021 年又回升至 1.07,2022 年该指标进一步增加至 1.41,变异系数在四大行业中相对较高。最后,交易性金融资产变异系数自 2018 年开始一直呈下降趋势,2021 年该指标为 1.23,2022 年大幅度下降为 0.65,是四大行业中变异系数最低的。结合交易性金融资产占比均值在 2022 年大幅提升的特征,表明大部分信托公司都在 2022 年提升了该类资产的配置比例。

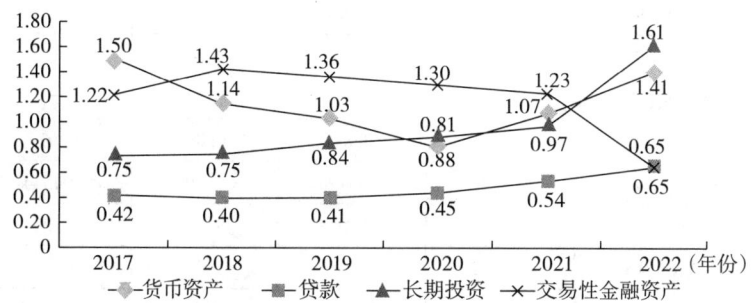

图 3-5　2017—2022 年信托资产运用方式构成比例的变异系数

综合相关数据,可以发现除交易性金融资产的变异系数同比下降外,货币资产、长期投资以及贷款资产的变异系数在 2022 年均出现了同比上升的趋势。这表明在经济不确定性进一步增强的条件下,信托行业对于信托资产运用方式的差异性在逐步提升。

2018—2022 年信托公司信托资产运用方式分布如表 3-6 所示。

表 3-6　2018—2022 年信托公司信托资产运用方式分布

项目		2018 年	2019 年	2020 年	2021 年	2022 年
披露公司数目		64	64	62	60	60
货币资产	规模(万元)	1043376	816590	723577	860799	1223391
	占比(%)	1.89	1.69	1.68	2.07	2.40
	占比增长(百分点)	-0.26	-0.20	-0.01	0.39	0.33
	最大值(%)	12.75	10.24	8.99	10.38	18.23
	最小值(%)	0.05	0.06	0.04	0.14	0.18
	标准差(%)	0.02	1.74	1.35	2.20	3.39
	变异系数	1.14	1.03	0.81	1.07	1.41

续表

项目		2018 年	2019 年	2020 年	2021 年	2022 年
贷款	规模（万元）	12893638	12560479	10916843	7610492	6917706
	占比（%）	38.13	39.59	35.07	25.13	22.79
	占比增长（百分点）	2.05	1.46	-4.52	-9.94	-2.34
	最大值（%）	72.35	76.99	71.33	70.47	64.76
	最小值（%）	3.31	0.59	0.10	0.10	0.05
	标准差（%）	15.36	16.18	15.79	13.56	14.86
	变异系数	0.40	0.41	0.45	0.54	0.65
长期投资	规模（万元）	2850223	2461784	2418385	2250588	1516828
	占比（%）	9.48	8.63	8.93	9.80	5.93
	占比增长（百分点）	1.00	-0.85	0.30	0.87	-3.87
	最大值（%）	37.25	38.96	45.73	47.54	43.68
	最小值（%）	0.20	0.00	0.24	0.00	0.00
	标准差（%）	7.07	7.21	7.87	9.53	9.55
	变异系数	0.75	0.84	0.88	0.97	1.61
交易性金融资产	规模（万元）	3375954	3195170	3778952	5904544	15643865
	占比（%）	8.25	7.48	8.50	12.23	37.77
	占比增长（百分点）	-1.12	-0.77	1.02	3.73	25.54
	最大值（%）	56.18	52.59	47.33	65.30	78.62
	最小值（%）	0.00	0.00	0.00	0.00	0.17
	标准差（%）	11.81	10.19	11.04	15.03	24.52
	变异系数	1.43	1.36	1.30	1.23	0.65

二、信托资产运用的公司分析

2022 年各项信托资产运用方式占比排名前 3 的公司如表 3-7 所示。

表 3-7　　2022 年各项信托资产运用方式占比排名前 3 的公司

项目	第 1 名	第 2 名	第 3 名
货币资产	陕西国信（18.23%）	粤财信托（17.45%）	华润信托（8.13%）
贷款	华澳信托（64.76%）	重庆国信（63.56%）	山西信托（60.78%）
长期投资	长城新盛（43.68%）	爱建信托（20.48%）	国民信托（23.14%）
交易性金融资产	平安信托（78.62%）	云南国信（76.51%）	外贸信托（75.89%）

从表 3-7 中可以看出,2022 年货币资产占比前 3 名相比于 2021 年出现了较大的变化。陕西国信从 2021 年的第 24 名上升至 2022 年的第 1 名,粤财信托从 2021 年的第 16 名上升至 2022 年的第 2 名,华润信托从 2021 年的第 6 名上升至 2022 年的第 3 名。爱建信托从 2021 年的第 1 名下降至 2022 年的第 13 名,陆家嘴信托从 2021 年的第 2 名下降至 2022 年的第 18 名,中信信托从 2021 年的第 3 名下降至 2022 年的第 5 名。

2022 年贷款资产占比前 3 名和 2021 年相比发生了一定的变化。其中,华澳信托由 2021 年的第 5 名上升至 2022 年的第 1 名。重庆国信的排名保持不变,仍然位于行业第 2 名。山西信托由 2021 年的第 1 名下降至 2022 年的第 3 名,万向信托则由 2021 年的第 3 名下降至 2022 年的第 4 名。

2022 年长期投资资产占比与 2021 年相比变化不大。其中,长城新盛和爱建信托继续居于行业前两名。国民信托由 2021 年的第 11 名上升至 2022 年的第 3 名。

2022 年交易性金融资产占比前 3 名相比于 2021 年有一定的变化。平安信托由 2021 年的第 3 名上升至 2022 年的第 1 名,云南国信由 2021 年的第 23 名上升至 2022 年的第 2 名。外贸信托由 2021 年的第 1 名下降至 2022 年的第 3 名,华润信托则由 2021 年的第 2 名下降至 2022 年的第 12 名。

2022 年各项信托资产运用方式规模排名前 3 的公司如表 3-8 所示。

表 3-8　　2022 年各项信托资产运用方式规模排名前 3 的公司　　单位:亿元

项目	第 1 名	第 2 名	第 3 名
货币资产	华润信托(1348)	中信信托(907)	粤财信托(600)
贷款	建信信托(3877)	光大信托(3340)	华润信托(2248)
长期投资	建信信托(2484)	中铁信托(674)	国民信托(556)
交易性金融资产	华润信托(10908)	中信信托(10748)	外贸信托(8176)

从表 3-8 可以看出,2022 年货币资产规模前 3 名和 2021 年相比发生了一定的变化。华润信托与中信信托的位置发生对调,华润信托由 2021 年的第 2 名上升至 2022 年的第 1 名,而中信信托则由 2021 年的第 1 名下降至 2022 年的第 2 名。粤财信托由 2021 年的第 14 名上升至 2022 年的第 3 名,外贸信托则由 2021 年的第 3 名下降至 2022 年的第 7 名。

2022年贷款资产规模前3名相比于2021年也有所变化。其中,建信信托仍然位居行业第1,但其贷款资产规模和2021年相比有所减少。华润信托由2021年的第2名下降至2022年的第3名,中信信托则由2021年的第3名下降至2022年的第5名。

2022年长期投资资产规模前3名相比于2021年出现了较大的变化。建信信托由2021年的第2名上升至2022年的第1名,中铁信托由2021年的第4名上升至2022年的第2名,国民信托由2021年的第14名上升至2022年的第3名。中信信托由2021年的第3名下降至2022年的第32名。

2022年交易性金融资产规模前3名和2021年相比也发生了一定的变化。华润信托连续两年位居第1,中信信托由2021年的第6名上升至2022年的第2名。值得注意的是,华润信托与中信信托2022年交易性金融资产的配置规模均超过了万亿元。外贸信托由2021年的第2名下降至2022年的第3名,五矿信托则由2021年的第3名下降至2022年的第8名。

2013—2022年各项信托资产比例稳定程度排名前3的公司如表3-9所示。

表3-9　　2013—2022年各项信托资产比例稳定程度排名前3的公司

项目	第1名	第2名	第3名
货币资产	中融信托 (2.27%,0.13)	外贸信托 (3.85%,0.13)	长安国信 (1.39%,0.15)
贷款	雪松国信 (55.33%,0.06)	渤海信托 (63.38%,0.11)	山西信托 (64.24%,0.13)
长期投资	大业信托 (11.81%,0.16)	华能贵诚 (8.63%,0.22)	中泰信托 (11.23%,0.24)
交易性金融资产	长安国信 (9.36%,0.23)	陕西国信 (26.28%,0.34)	江苏国信 (30.82%,0.36)

注:表中括号内第一个数字是平均值,第二个数字是变异系数。

从表中可以看出,中融信托、雪松国信、大业信托、长安国信分别在货币资产、贷款资产、长期投资资产以及交易性金融资产方面占比较为稳定。

第四章　信托资产盈利能力分析

第一节 信托收入

一、信托收入的历史分析

截至 2023 年 5 月,共有 60 家信托公司披露了 2022 年信托收入相关数据。

信托公司最新披露信息显示,2022 年,信托行业平均信托收入为 1162067 万元。与 2021 年相比,信托行业收入出现了下降,平均降幅为 791162 万元,增长率为 -40.51%。通过近 5 年信托收入数据可以发现,2019 年,信托收入行业均值增长速度最快,达到 36.48%。2020 年,信托收入行业均值增长率不高,仅为 4.96%,但也实现了同比增长。而 2018 年和 2021 年,信托收入行业均值均呈现负增长态势,其中 2018 年的降幅达到 21.24%,2021 年降幅为 16.08%。2022 年,信托收入行业均值同比大幅度下降,40.51% 的降幅也是近年来的最高值。信托公司 2022 年的信托收入普遍下降,2021 年行业最高值为 7567838 万元,2022 年仅为 5303670 万元。同时,2021 年 61 家信托公司的信托收入均为正值,但在 2022 年有 3 家信托公司的信托收入出现负值。

具体数据如表 4-1 所示。

表 4-1　　　　　　　2018—2022 年信托公司信托收入的统计分析

项目	2018 年	2019 年	2020 年	2021 年	2022 年
平均值(万元)	1624831	2217505	2327407	1953229	1162067
均值增长幅度(万元)	-438232	592674	109902	-374178	-791162
平均值增长率(%)	-21.24	36.48	4.96	-16.08	-40.51
公司数目(家)	68	66	62	61	60
最大值(万元)	7171351	11042094	10102450	7567838	5303670
最小值(万元)	-2102189	19438	7635	2221	-429008

续表

项目	2018年	2019年	2020年	2021年	2022年
标准差(万元)	1618546	2081975	2353359	1979414	1344071
变异系数	1.00	0.94	1.01	1.01	1.16

2018年以前，从未出现过信托公司的信托收入为负值的情况。在2018年所有收录的68家信托公司中，虽然有64家信托公司的信托收入为正值，但也有4家信托公司出现了信托收入为负的情况。这些信托公司营业收入出现负值，主要是因为外部环境对投资收益和公允价值变动损益等财务指标的负面影响。2019—2021年，连续3年所有公布相关数据的信托公司的信托收入均为正值。然而在2022年，有3家信托公司信托收入为负。

2015年和2016年，单个信托公司的信托收入最大值分别达到7067050万元和7552412万元，2017年该指标进一步增长至7807201万元。2018年，该指标出现了一定回落，仅为7171351万元。然而该指标在2019年达到11042094万元，为近年来的最大值。2020年，单个信托公司信托收入最大值为10102450万元，2021年与2022年该指标连续两年下降，分别为7567838万元和5303670万元。

2017—2020年，信托公司信托收入变异系数呈现周期性波动的趋势。2017年该指标为0.83，2018年上升至1.00，2019年该指标小幅下降至0.94，2020年该指标重新上升至1.01，2021年信托公司信托收入变异系数与2020年持平。但是在2022年，该指标增长至1.16，为近年来的最大值。由此可见，在经济不确定性增强和行业转型的背景下，信托公司的创收水平存在较大差异。

综合上述分析，我们不难发现，信托公司平均信托收入在经历了2012—2014年的高速增长后，2015年各信托公司平均信托收入增幅大幅缩减，这说明2015年各信托公司收入增长形势不容乐观，以往持续高速增长的态势在2015年发生了转变。2016年则延续了这一趋势，出现了近5年来的首次下跌。而在2017年，该指标出现了一定的反弹迹象，实现了39.11%的增长，与此同时变异系数也在进一步降低。2018年，信托公司营业收入均值下降21.24%，变异系数也增加至1.00，这表明2018年信托行业面临着较为严峻的发展环境。2019年，信托公司营业收入均值增长36.48%，变异系数也降低至0.94。2020年，信托公司营业收入均值增长4.96%，变异系数增长至1.01。2021年信托公司营业收入均值下降16.08%，变异系数维持在1.01。2022年信托公司营业收入均值下降40.51%，变异系数增长至1.16。表明信托公司的收入在普遍下降的同时，行业内的信托收入差异性较高。

二、信托收入的公司分析

从信托收入排名来看,2022年,信托收入排名前5的公司分别为光大信托(5303670万元)、建信信托(5135838万元)、五矿信托(4914691万元)、中航信托(4204110万元)以及华能贵诚(3964161万元)。

与2021年相比,信托公司信托收入前5名发生了一定的变化。其中,光大信托2021年的信托收入为7556878万元,2022年为5303670万元,其信托收入在2022年有所下降。但是在行业创收能力整体下降的背景下,该公司收入降幅相对较低,导致其排名由2021年的第2名上升至2022年的第1名。建信信托2021年的信托收入为7567838万元,2022年为5135838万元,由于其降幅相比于光大信托更大,因此其排名由2021年的第1名下降至2022年的第2名。五矿信托2021年的信托收入为6308955万元,2022年为4914691万元,其排名从2021年的第5名上升至2022年的第3名。中航信托2021年的信托收入为4933397万元,2022年为4204110万元,其排名由2021年的第9名上升至2022年的第4名。华能贵诚2021年的信托收入为6014955万元,2022年为3964161万元,其排名也从2021年的第6名小幅上升至2022年的第5名。外贸信托2022年的信托收入为-426908万元,其排名由2021年的第3名下降至2022年的第59名。华润信托2022年的信托收入为-429008万元,排名由2021年的第4名下降至2022年的第60名。信托收入由正转负导致这两家信托公司收入规模和排名变化均较大。值得注意的是,2020年信托收入超过1000亿元的信托公司有2家,而在2021年和2022年,所有信托公司的信托收入均没有超过1000亿元,信托收入下滑的特征较为明显。

此外,2015年仅有1家信托公司的信托收入不足10亿元,2016年不足10亿元的公司增加到2家,2017年不足10亿元的公司重新减少至1家。2018年,有5家信托公司信托营业收入不足10亿元,其中还有4家信托公司出现了负值。2019年,只有1家信托公司信托收入不足10亿元,并且所有公布该数据的66家信托公司信托收入均为正值。2020年信托收入不足10亿元的公司维持在1家,2021年,信托收入不足10亿元的公司数增长至3家。2022年,该指标进一步增加至8家,并且其中有3家收入为负值。

从信托收入的增幅来看,2022年,信托收入增幅排名前5的公司分别为中原信托

(37.35%)、万向信托(21.87%)、交银国信(17.76%)、金谷信托(16.82%)以及英大信托(15.90%)。通过对该数据的分析,可以发现 2022 年信托收入增幅排名和 2021 年相比发生了较大的变化。其中,中原信托由 2021 年的第 2 名上升至 2022 年的第 1 名,万向信托由 2021 年的第 36 名上升至 2022 年的第 2 名,交银国信由 2021 年的第 21 名上升至 2022 年的第 3 名,英大信托由 2021 年的第 6 名上升至 2022 年的第 5 名,金谷信托由 2021 年的第 1 名下降至 2022 年的第 4 名,重庆国信由 2021 年的第 3 名下降至 2022 年的第 41 名,天津信托由 2021 年的第 4 名下降至 2022 年的第 49 名,国民信托由 2021 年的第 5 名下降至 2022 年的第 12 名。

从 2013—2022 年信托收入的稳定程度来看,最稳定公司的前 3 名分别是国联信托(变异系数为 0.14,年均值为 423381 万元)、吉林信托(变异系数为 0.15,年均值为 476796 万元)以及金谷信托(变异系数为 0.17,年均值为 762166 万元)。另外,信托收入波动程度最大的前 3 家公司分别是华宸信托(变异系数为 1.15,年均值为 44151 万元)、陕西国信(变异系数为 1.15,年均值为 1168293 万元)以及光大信托(变异系数为 0.81,年均值为 3345106 万元)。

第二节　信托项目收益率

一、集合类信托项目收益率

2022 年得到的 59 家信托公司披露的集合类信托项目加权平均实际收益率数据,与 2021 年持平。

2018 年以来,信托公司集合类信托项目平均收益率在 5%~8% 波动,经历了 2012 年的最低值 6.87% 之后,2013 年、2014 年和 2015 年该指标持续上升,在 2015 年达到近 5 年的最高值 9.70%,2016 年则又小幅下跌至 8.26%,2017 年降至 7.30%,2018 年进一步降至 5.08%,为近年来的最低值。2019 年,该指标增加至 5.84%,2020 年增加至 6.53%,2021 年进一步增加至 7.02%。2022 年,集合类信托项目平均收益率为 6.27%。值得注意的是,集合类信托项目平均收益率经历了 2019—2021 年连续 3 年的上升之后,在 2022 年出现了下降。

就单个公司集合类信托项目收益率而言,2016 年,有 1 家公司该指标为负值,2017 年全部公司的集合类信托项目收益率为正数。2018年,有6家信托公司的集合类信托项目收益率为负值,为近年来的最大值。2019年,只有2家信托公司的集合类信托项目收益率为负,2020年该指标进一步减少至1。2021年与2022年,披露该数据的59家信托公司集合类信托项目收益率均为正。由此可见,2021年和2022年集合类信托项目收益率整体较为平稳。

从各信托公司在指标上的表现差异度来看,近5年来,2018年的变异系数为0.85,其余4年的变异系数均不超过0.50。2018年该指标上升至0.85,为近5年来的最大值。2019年该指标回落至0.40,2020年该指标进一步下降至0.33,2021年该指标有所上升达到0.43,2022年该指标再次下降至0.32。因此,信托公司集合类信托项目收益率之间的差异在2022年有所降低。具体数据如表4-2所示。

表4-2　　　　2018—2022年信托公司集合类信托项目平均收益率统计

项目	2018年	2019年	2020年	2021年	2022年
平均值(%)	5.08	5.84	6.53	7.02	6.27
均值增长幅度(百分点)	-2.22	0.76	0.69	0.49	-0.75
披露公司数目(家)	68	65	60	59	59
收益率为负的公司数(家)	6	2	1	0	0
最大值(%)	10.28	9.92	14.36	23.33	12.30
最小值(%)	-13.35	-5.22	-0.35	3.03	0.00
标准差(%)	4.32	2.36	2.14	3.01	1.99
变异系数	0.85	0.40	0.33	0.43	0.32

2022年集合类信托项目收益率排在前3名的公司分别为:粤财信托(12.30%)、华润信托(12.04%)以及国民信托(9.22%)。其中,粤财信托由2021年的第8名上升至2022年的第1名,华润信托由2021年的第3名上升至2022年的第2名,国民信托由2021年的第48名上升至2022年的第3名。厦门国信由2021年的第1名下降至2022年的第25名,云南国信由2021年的第2名下降至2022年的第55名。

从该指标历年的稳定程度来看,厦门国信、中建投信托与建信信托从2013年以来保持了非常稳定的表现,年均实现了8.51%、7.95%以及6.94%的集合类项目平均收益率,其变异系数均接近0.01,位于行业领先水平。

二、单一类信托项目收益率

2016年以前,单一类信托项目收益率维持在7%以上的水平,但从2017年开始,该指标跌至7%以下并趋于平稳。如表4-3所示,2018年,单一类信托项目收益率平均值为5.93%,降幅为0.38个百分点。2019年,该指标增长至6.58%。2020年,该指标进一步下降至5.86%。2021年。单一类信托项目收益率均值增长至6.37%,增幅为0.51个百分点,但仍没有超过7%。2022年,该指标上升至7.31%,增幅为0.94个百分点。2022年单一类信托项目收益率最大值为87.92%,相比于2021年出现了大幅度上升;2022年单一类信托项目收益率最小值为3.13%,相比于2021年也有所提升,这表明信托行业单一类信托项目收益率在2022年整体实现了增长。此外,2018年部分信托公司单一类信托项目收益率为负值的情况在2021年没有出现。

从变异系数来看,2017—2018年,单一类信托项目平均收益率变异系数维持在0.20~0.24的区间,2019年该指标大幅度增加至0.56,这可能是2019年信托监管政策变动的结果。2020年该指标下降至0.17,为近年来的最小值。2021年,该指标又重新上升至0.60。2022年该指标进一步增长到1.48,首次超过了1。

表4-3　　　2018—2022年信托公司单一类信托项目平均收益率统计

项目	2018年	2019年	2020年	2021年	2022年
平均值(%)	5.93	6.58	5.86	6.37	7.31
均值增长幅度(百分点)	-0.38	0.65	-0.72	0.51	0.94
披露公司数目(家)	68	66	60	59	59
最大值(%)	10.30	33.55	8.56	32.98	87.92
最小值(%)	-1.49	1.65	3.26	2.58	3.13
标准差(%)	1.43	3.70	1.02	3.80	10.84
变异系数	0.24	0.56	0.17	0.60	1.48

2022年单一类信托项目收益率前3名分别为:中泰信托(87.92%)、工商信托(11.84%)以及万向信托(10.85%)。通过对比可以发现,2022年单一类信托项目收益率排名相比于2021年出现了一定的变化。中泰信托由2021年的第20名上升至2022年的第1名,工商信托由2021年的第5名上升至2022年的第2名,万向信托由2021年的第13名上升至2022年的第3名。西藏信托由2021年的第1名下降至2022年的第43名,中融信托由2021年的第2名下降至2022年的第4名,外贸信托则由2021年的第3名下降至2022年的第39名。

从该指标历年的稳定程度来看,交银国信自2013年以来保持了比较稳定的收益率,单一类信托项目平均收益率为5.64%,变异系数为0.06。另外,渤海信托与中建投信托的单一类信托项目平均收益率也比较稳定,分别为 7.06% 和 6.82%,变异系数分别为 0.07 与 0.08。

第三节　新增信托项目

2022 年得到的 57 家信托公司披露的新增信托项目数据,相比于 2021 年有所减少。

一、新增信托项目规模

2022 年,信托公司平均新增信托项目规模为 15532641 万元,比 2021 年减少 6.23%。值得注意的是近 5 年来平均新增信托项目规模波动较大,2019 年以及 2021 年呈现增长趋势,而 2018 年、2020 年以及 2022 年则呈现下降趋势。此外,2022 年,披露相关数据的 57 家信托公司中,有 51 家新增信托项目规模超过百亿元,新增信托项目规模不足百亿元的信托公司数有所上升。2022 年新增信托项目规模整体下降,信托公司之间的差异化程度也有所下降。

各公司新增项目规模的变异系数 2018 年为 0.84,2019 年增长至 1.03,2020 年小幅降低至 1.00,2021 年增长至 1.28,为近 5 年来的最大值。2022 年,该指标降至 1.25。这表明在 2022 年信托公司在新增信托项目规模上的差异性相比于 2021 年有所下降。具体数据如表 4-4 所示。

表 4-4　　　　　　　　2018—2022 年新增信托项目规模统计分析

项目	2018 年	2019 年	2020 年	2021 年	2022 年
平均值(万元)	11908250	12343321	11876628	16565243	15532641
均值增长幅度(万元)	-11080220	435071	-466694	4688615	-1032602
均值增长率(%)	-48.20	3.65	-3.78	39.48	-6.23
公司数目(家)	68	66	60	61	57
最大值(万元)	49142998	52281448	55287377	94487234	92951389
最小值(万元)	5000	130	500	500	50000
标准差(万元)	10055794	12690511	11917057	21138106	19433476
变异系数	0.84	1.03	1.00	1.28	1.25

新增信托项目规模 2022 年前 3 名分别为:华润信托(92951389 万元)、中信信托(89049566 万元)以及光大信托(59467837 万元)。2022 年新增信托项目规模前 3 名与 2021 年相比发生了一定的变化。其中,华润信托和光大信托连续两年排名行业第 1 名和

第 3 名。中信信托由 2021 年的第 8 名上升至 2022 年的第 2 名,外贸信托则由 2021 年的第 2 名下降至 2022 年的第 4 名。

二、新增信托项目数量

2022 年,信托公司平均新增信托项目数量为 707 个,比 2021 年增加了 75 个,增幅和上年相比有所下降。从近年来的数据特征来看,新增信托项目数量整体呈现持续增长态势。其中,2018 年新增信托项目 -116 个,增长率为 -30.21%,这也是近 5 年来新增信托项目唯一出现负增长的 1 年。2019 年新增信托项目同比增长 47 个,增长率为 17.54%。2020 年新增信托项目同比增长 81 个,增长率为 25.66%。2021 年同比增长 236 个,增长率为 59.66%。2022 年新增信托项目 75 个,增长率为 11.87%。

新增信托项目数量 2022 年前 3 名分别为:平安信托(项目数 8985 个)、外贸信托(项目数 3393 个)以及五矿信托(项目数 2991 个)。其中,平安信托和外贸信托连续两年位居第 1 和第 2 名。五矿信托由 2021 年的第 6 名上升至 2022 年的第 3 名,华润信托则由 2021 年的第 3 名下降至 2022 年的第 4 名。在连续 2 年公布新增信托项目数量的 56 家公司中,有 33 家信托公司新增信托项目数量高于 2021 年,有 20 家信托公司新增信托项目数量低于 2021 年,还有 3 家信托公司新增信托项目数量与 2021 年持平。从年最大值来看,新增信托项目数量从 2018 年至 2022 年的最大值分别为 1256 个、1480 个、3753 个、6268 个以及 8985 个,呈逐年上升趋势。从年最小值来看,2018 年、2019 年、2021 年以及 2022 年新增信托项目最小值均为 1,而 2020 年该指标则为 0。

此外,2018—2022 年,各公司新增信托项目数量的变异系数呈现逐年上升趋势。2018 年该指标为 1.02,2019 年小幅上升至 1.03,2020 年进一步增长至 1.57,2021 年达到 1.75,2022 年进一步增长至 1.89,为近 5 年来的最大值。该数据表明 2022 年行业内公司的新增信托项目数量差异性在进一步扩大。具体数据如表 4-5 所示。

表 4-5　　　　　　　2018—2022 年新增信托项目数量统计分析

项目	2018 年	2019 年	2020 年	2021 年	2022 年
平均值(个)	268	315	396	632	707
均值增长幅度(个)	-116	47	81	236	75
均值增长率(%)	-30.21	17.54	25.66	59.66	11.87
披露公司数目(家)	68	66	60	61	57
最大值(个)	1256	1480	3753	6268	8985

续表

项目	2018年	2019年	2020年	2021年	2022年
最小值（个）	1	1	0	1	1
标准差（个）	272	326	621	1108	1333
变异系数	1.02	1.03	1.57	1.75	1.89

三、新增集合类项目比例

新增信托项目可以分为集合类项目和单一类项目，2018—2022年新增集合类信托项目比例如表4-6所示。2018年新增集合类信托项目比例为43.86%，2019年增加至50.32%，2020年为48.47%，相比于2019年有所下降。2021年该指标回升至54.00%，为近5年来的最大值。2022年，该指标下降至53.58%。

从变异系数来看，2018年变异系数为0.60，2019年回落至0.55，2020年进一步增加至0.57，2021年降低至0.47，2022年上升至0.49。2022年新增集合类信托项目均值有所下滑，而行业内变异系数有所提高。

表4-6　　　　　2018—2022年新增集合类信托项目比例统计分析

项目	2018年	2019年	2020年	2021年	2022年
平均值（%）	43.86	50.32	48.47	54.00	53.58
均值增长幅度（百分点）	2.65	6.46	-1.85	5.53	-0.42
最大值（%）	100.00	100.00	97.54	97.40	99.93
最小值（%）	0.21	0.00	0.00	0.00	0.00
标准差（%）	26.30	27.55	27.71	25.38	26.28
变异系数	0.60	0.55	0.57	0.47	0.49

2022年新增集合类项目比例排名前3的公司为：华澳信托（99.93%）、民生信托（99.56%）以及苏州信托（96.17%）。该指标与2021年相比发生了一定的变化。其中，民生信托连续两年居于行业第2名，华澳信托由2021年的第4名上升至2022年的第1名，苏州信托由2021年的第5名上升至2022年的第3名。东莞信托则由2021年的第5名下降至2022年的第25名。

四、新增主动管理型项目比例

2018年新增主动管理型项目比例为41.03%，2019年增加至57.45%，2020年为60.04%，2021年为61.59%，2022年下降至60.20%。

从变异系数来看,2018年变异系数为0.65,2019年回落至0.45,2020年进一步增加至0.46,2021年降低至0.40,2022年上升至0.44。

具体数据如表4-7所示。

表4-7　　　　2018—2022年新增主动管理型项目比例统计分析

项目	2018年	2019年	2020年	2021年	2022年
平均值(%)	41.03	57.45	60.04	61.59	60.20
均值增长幅度(百分点)	9.49	16.42	2.59	1.55	-1.39
最大值(%)	100.00	100.00	100.00	98.54	99.93
最小值(%)	0.31	0.00	0.00	0.00	0.00
标准差(%)	26.50	25.92	27.66	24.34	26.23
变异系数	0.65	0.45	0.46	0.40	0.44

第五章 自营资产分布与运用分析

第一节 自营资产规模

一、自营资产规模的整体分析

从本书获得的2022年的年报披露情况来看,有60家信托公司公布了自营资产规模相关数据。

2022年,信托行业自营资产规模有所下降,平均每家信托公司自营资产规模为1343570万元,比2021年下降了1289万元,下降幅度很小。自2004年以来,信托公司的自营资产规模增长率在2007年最大,达到34.94%;在2005年下跌幅度最大,下跌了22028万元,下跌比率为14.53%。

自营资产缩减的公司数目的最大值出现在2005年,达到27家公司,在2007年降到9家之后,2008年升到25家,2009年回降到7家,2010年也是7家,2012年继续减少为3家,2016年这一数据有所上升,达到8家,2017年有13家信托公司自营资产缩减,2019年与2018年持平,维持在17家,2020年下降至13家,2021年为14家,2022年为18家。

2022年信托行业中自营资产规模最大的公司为中信信托,其2022年自营资产为388.06亿元。

从各年信托公司之间的自营资产规模差异来看,2004年变异系数为0.76,然后逐年上升,到2007年上升到最大值1.12,接下来的三年基本稳定在1.06~1.08。2017年,变异系数降低到0.66,2018年持续下降至0.59,而2019年升至0.66,这说明各公司的自营资产规模的差异性出现了扩大的情况。同样,自营净资产的变异系数2013年为0.80,2015年与2014年持平,为0.79,2016年下降为0.68,2017年继续下降至0.65,2018年保持了下降态势,降至0.64,2019年出现小幅上升,升至0.67,2020年与2021年持平,维持在0.71,2022年上升至0.72。自营资产与自营净资产的相关描述性统计见表5-1至表5-8。

表5-1　　　　2018—2022年信托公司自营资产规模统计分析

项目	2018年	2019年	2020年	2021年	2022年
平均值(万元)	1057880	1135763	1254457	1344859	1343570
平均值增长额(万元)	92572	77883	118694	90402	-1289
平均值增长率(%)	9.59	7.36	10.45	7.21	-0.10
公司数目(家)	68	65	62	61	60
自营资产缩减的公司数(家)	17	17	13	14	18
最大值(万元)	2978535	3205376	3490287	3649897	3880561
最小值(万元)	121622	153672	101459	114805	119724
标准差(万元)	628634	744183	843035	869513	913648
变异系数	0.59	0.66	0.67	0.65	0.68

表5-2　　　　2018—2022年信托公司自营净资产规模统计分析

项目	2018年	2019年	2020年	2021年	2022年
平均值(万元)	843228	934940	1018532	1086748	1124956
平均值增长额(万元)	73087	91712	83592	68216	38208
平均值增长率(%)	9.49	10.88	8.94	6.70	3.52
自营净资产缩减的公司数(家)	13	4	4	10	13
最大值(万元)	2427288	2968253	3045124	3205474	3374662
最小值(万元)	91544	106950	94176	32228	22841
标准差(万元)	540201	630323	725114	766176	804624
变异系数	0.64	0.67	0.71	0.71	0.72

表5-3　　　　信托公司自营资产总额序列(2022年)　　　　单位:万元

序号	公司简称	2022年	2021年	2020年
1	中信信托	3880561	3649897	3490287
2	平安信托	3422122	3229051	3442460
3	华润信托	3227355	3208504	2651330
4	建信信托	3022310	2689371	2554691
5	重庆国信	2993924	3146733	2951323
6	江苏国信	2971812	2786920	2807426
7	华能贵诚	2957586	2850761	2745623
8	五矿信托	2703320	2697533	2502255
9	中融信托	2443943	2427086	2246232

续表

序号	公司简称	2022 年	2021 年	2020 年
10	光大信托	2293932	2161745	1808149
11	中诚信托	2196791	2171028	2138247
12	上海国信	2069024	2036953	2388715
13	外贸信托	2034506	2081676	1940403
14	陕西国信	1958359	1557713	1427838
15	兴业信托	1939281	2268871	2128063
16	中航信托	1863393	1821010	1646080
17	华鑫信托	1661551	1489258	1102676
18	交银国信	1593698	1527502	1438120
19	渤海信托	1578401	1601447	1545582
20	陆家嘴信托	1539669	1374397	944790
21	中铁信托	1494694	1544241	1615813
22	安信信托	1487115	1478728	1771182
23	昆仑信托	1481151	1587864	1452615
24	山东国信	1445813	1906255	2068400
25	国投泰康	1312881	1100376	1011488
26	英大信托	1283495	1178992	1108707
27	民生信托	1171662	1016594	1332487
28	百瑞信托	1166870	1135456	1051134
29	华宝信托	1135708	1060543	1008548
30	粤财信托	1077118	1182617	851558
31	天津信托	1060050	1007617	896984
32	爱建信托	1059291	1056037	1058398
33	财信信托	1056850	1015284	938171
34	国元信托	1016574	未披露	857983
35	中原信托	977736	1027758	992351
36	紫金信托	927709	844485	522225
37	国通信托	916244	1031962	1012151
38	中建投信托	905443	1244965	1213611
39	中粮信托	814112	793400	493840
40	东莞信托	761628	756562	620457
41	国联信托	712229	677778	603036
42	苏州信托	696655	654889	594472
43	厦门国信	686342	692259	761409
44	北方国信	667090	649526	590465

续表

序号	公司简称	2022年	2021年	2020年
45	西藏信托	631882	579192	535228
46	金谷信托	597196	482676	476177
47	西部信托	564520	635703	681383
48	中海信托	564443	554371	703380
49	云南国信	525843	485047	419111
50	工商信托	512597	569290	552353
51	中泰信托	499734	498394	493057
52	万向信托	485138	481842	386881
53	浙金信托	454442	451513	269316
54	国民信托	443317	385659	347461
55	华澳信托	422567	560138	530852
56	华融国信	386216	1346078	1444121
57	大业信托	346072	343737	280327
58	山西信托	268185	312821	247875
59	华宸信托	126302	114805	101460
60	长城新盛	119724	128463	129905
61	北京国信	未披露	1748043	1451736
62	长安国信	未披露	936994	1116445
63	吉林信托	未披露	未披露	725640
64	华信信托	未披露	未披露	未披露
65	雪松国信	未披露	未披露	未披露
66	新时代	未披露	未披露	未披露
67	四川信托	未披露	未披露	未披露

表5-4　　　　信托公司自营资产总额增长序列（2022年）　　　　单位：万元

序号	公司简称	2022年	2021年	2020年
1	陕西国信	400646	156155	101438
2	建信信托	332939	262758	434239
3	中信信托	230663	104205	284911
4	国投泰康	212505	38007	310702
5	平安信托	193071	329604	502351
6	江苏国信	184892	254440	464621
7	华鑫信托	172293	未披露	297803
8	陆家嘴信托	165272	32156	286979
9	民生信托	155068	未披露	-87660

续表

序号	公司简称	2022年	2021年	2020年
10	光大信托	132187	99948	412660
11	金谷信托	114520	未披露	-53354
12	华能贵诚	106825	未披露	303662
13	英大信托	104503	60635	117801
14	紫金信托	83224	未披露	57066
15	华宝信托	75165	121220	-52235
16	交银国信	66196	未披露	153348
17	国民信托	57658	31112	23644
18	西藏信托	52689	72288	33891
19	天津信托	52433	208584	90047
20	中航信托	42383	未披露	-4638
21	苏州信托	41766	36079	48074
22	财信信托	41566	97384	19843
23	云南国信	40796	46882	60266
24	国联信托	34451	71869	45374
25	上海国信	32071	470319	552441
26	百瑞信托	31414	38021	50888
27	中诚信托	25762	209675	-116926
28	中粮信托	20711	未披露	412
29	华润信托	18852	410822	96776
30	北方国信	17565	228521	45442
31	中融信托	16856	34035	86747
32	华宸信托	11497	45685	-26933
33	中海信托	10072	103923	-6962
34	安信信托	8387	180803	28843
35	五矿信托	5787	未披露	679624
36	东莞信托	5066	57259	11055
37	万向信托	3296	未披露	-50119
38	爱建信托	3254	未披露	46029
39	浙金信托	2929	未披露	19207
40	大业信托	2335	未披露	34804
41	中泰信托	1340	70988	18331
42	厦门国信	-5917	130577	47517
43	长城新盛	-8739	未披露	-23767
44	渤海信托	-23046	未披露	-36436

续表

序号	公司简称	2022年	2021年	2020年
45	山西信托	-44637	239172	7914
46	外贸信托	-47170	120419	99060
47	中铁信托	-49547	未披露	193673
48	中原信托	-50022	133512	-48005
49	工商信托	-56693	121100	52386
50	西部信托	-71183	87931	43445
51	粤财信托	-105499	316252	95858
52	昆仑信托	-106713	57077	78569
53	国通信托	-115718	未披露	196936
54	华澳信托	-137571	未披露	-10120
55	重庆国信	-152809	217552	-213429
56	兴业信托	-329590	53488	306097
57	中建投信托	-339522	未披露	176167
58	山东国信	-460442	163116	611200
59	华融国信	-959862	44297	-959862
60	北京国信	未披露	332093	98182
61	长安国信	未披露	94694	85459
62	四川信托	未披露	未披露	未披露
63	国元信托	未披露	271227	128278
64	新时代	未披露	未披露	未披露
65	雪松国信	未披露	54911	未披露
66	华信信托	未披露	80643	未披露
67	吉林信托	未披露	224573	54380

表5-5　　　　　信托公司自营资产总额增幅序列(2022年)　　　　　(%)

序号	公司简称	2022年	2021年	2020年
1	陕西国信	25.72	9.10	7.65
2	金谷信托	23.73	1.36	-10.08
3	国投泰康	19.31	8.79	44.34
4	民生信托	15.25	-23.71	-6.17
5	国民信托	14.95	10.99	7.30
6	建信信托	12.38	5.27	20.48
7	陆家嘴信托	12.03	45.47	43.63
8	华鑫信托	11.57	35.06	38.43
9	华宸信托	10.01	13.15	-20.98

续表

序号	公司简称	2022年	2021年	2020年
10	紫金信托	9.86	61.71	12.27
11	西藏信托	9.10	8.21	6.76
12	英大信托	8.86	6.34	11.89
13	云南国信	8.41	15.73	16.79
14	华宝信托	7.09	5.16	-4.92
15	江苏国信	6.63	-0.73	19.83
16	苏州信托	6.38	10.16	8.80
17	中信信托	6.32	4.57	8.89
18	光大兴陇	6.11	19.56	29.57
19	平安信托	5.98	-6.20	17.09
20	天津信托	5.20	12.33	11.16
21	国联信托	5.08	12.39	8.14
22	交银国信	4.33	6.22	11.94
23	财信信托	4.09	8.22	2.16
24	华能贵诚	3.75	3.83	12.44
25	百瑞信托	2.77	8.02	5.09
26	北方国信	2.70	10.00	8.34
27	中粮信托	2.61	60.66	0.08
28	中航信托	2.33	10.63	-0.28
29	中海信托	1.82	-21.18	-0.98
30	上海国信	1.57	-14.73	30.08
31	中诚信托	1.19	1.53	-5.18
32	中融信托	0.69	8.05	4.02
33	万向信托	0.68	24.55	-11.47
34	大业信托	0.68	22.62	14.18
35	东莞信托	0.67	21.94	1.81
36	浙金信托	0.65	67.65	7.68
37	华润信托	0.59	21.01	3.79
38	安信信托	0.57	-16.51	1.66
39	爱建信托	0.31	-0.22	4.55
40	中泰信托	0.27	1.08	3.86
41	五矿信托	0.21	7.80	37.29
42	厦门国信	-0.85	-9.08	6.66
43	渤海信托	-1.44	3.61	-2.30
44	外贸信托	-2.27	7.28	5.38

续表

序号	公司简称	2022年	2021年	2020年
45	中铁信托	-3.21	-4.43	13.62
46	重庆国信	-4.86	6.62	-6.74
47	中原信托	-4.87	3.57	-4.61
48	昆仑信托	-6.72	9.31	5.72
49	长城新盛	-6.80	-1.11	-15.47
50	粤财信托	-8.92	38.88	12.68
51	工商信托	-9.96	3.07	10.48
52	西部信托	-11.20	-6.70	6.81
53	国通信托	-11.21	1.96	未披露
54	山西信托	-14.27	26.20	3.30
55	兴业信托	-14.53	6.62	16.80
56	山东国信	-24.15	-7.84	未披露
57	华澳信托	-24.56	5.52	-1.87
58	中建投信托	-27.27	2.58	16.98
59	华融国信	-71.31	-6.79	-15.85
60	北京国信	未披露	20.41	7.25
61	长安国信	未披露	-16.07	8.29
62	四川信托	未披露	未披露	未披露
63	国元信托	未披露	未披露	17.58
64	新时代	未披露	未披露	未披露
65	中江国信	未披露	未披露	未披露
66	华信信托	未披露	未披露	未披露
67	吉林信托	未披露	未披露	8.10

表5-6　　信托公司自营净资产序列（2022年）　　单位：万元

序号	公司简称	2022年	2021年	2020年
1	中信信托	3374662	3205474	3045124
2	华润信托	2796254	2725412	2484144
3	重庆国信	2677487	2658041	2637632
4	华能贵诚	2655939	2549722	2301869
5	平安信托	2630343	2731979	2633700
6	江苏国信	2565700	2418377	2230713
7	建信信托	2437821	2256083	2065076
8	五矿信托	2351804	2315988	2246787
9	中融信托	2083661	1930818	1906142

续表

序号	公司简称	2022年	2021年	2020年
10	中诚信托	1937060	1829308	1844775
11	上海国信	1925657	1822087	2092948
12	外贸信托	1888047	1978950	1898343
13	兴业信托	1828211	1843224	1782981
14	中航信托	1802126	1737577	1392165
15	光大信托	1659735	1543376	1466757
16	陕西国信	1621771	1225215	1179505
17	交银国信	1508556	1427683	1320707
18	华鑫信托	1448566	1321238	912066
19	昆仑信托	1353525	1370154	1398599
20	渤海信托	1331966	1327723	1322466
21	陆家嘴信托	1239428	1156419	667796
22	英大信托	1164814	1104651	980407
23	百瑞信托	1145569	1105943	1023378
24	国投泰康	1102938	1009837	911277
25	山东国信	1093008	1065122	1017500
26	中铁信托	1082401	1032712	981168
27	华宝信托	1077460	974061	938514
28	粤财信托	1002466	957795	820066
29	国元信托	951270	未披露	818968
30	中原信托	857533	855378	905729
31	紫金信托	834976	764621	451034
32	中建投信托	831622	908019	884137
33	国通信托	778086	719341	650193
34	爱建信托	766186	828336	830803
35	天津信托	721009	676866	622272
36	中粮信托	704598	687379	468178
37	财信信托	688905	719069	711503
38	东莞信托	683835	582362	578592
39	国联信托	674886	633656	555105
40	苏州信托	645085	598980	541510
41	厦门国信	625950	581143	550939
42	西藏信托	580264	538580	495607
43	北方国信	548950	520756	500214
44	西部信托	526344	542689	564971

续表

序号	公司简称	2022年	2021年	2020年
45	中海信托	517315	462441	629411
46	中泰信托	487902	480344	472220
47	工商信托	477382	499274	472031
48	金谷信托	436323	425908	415484
49	浙金信托	432576	417078	228201
50	万向信托	414046	381334	311316
51	云南国信	408482	372763	334208
52	华澳信托	391462	488195	455581
53	国民信托	363027	330507	303371
54	华融国信	363006	352877	304163
55	大业信托	317038	313621	246450
56	民生信托	246272	643694	994075
57	山西信托	190971	189086	187777
58	华宸信托	122037	110704	94176
59	长城新盛	100207	100473	104784
60	安信信托	22841	32229	96587
61	华信信托	未披露	未披露	未披露
62	吉林信托	未披露	未披露	398771
63	新时代	未披露	未披露	未披露
64	雪松国信	未披露	未披露	未披露
65	长安国信	未披露	809854	781371
66	北京国信	未披露	1099104	990785
67	四川信托	未披露	未披露	未披露

表5-7　　信托公司自营净资产增长序列(2022年)　　单位:万元

序号	公司简称	2022年	2021年	2020年
1	陕西国信	396557	45710	81768
2	建信信托	181738	191007	87390
3	中信信托	169188	160351	76870
4	中融信托	152843	24676	74605
5	江苏国信	147324	187664	182094
6	华鑫信托	127328	409172	295700
7	光大信托	116359	76619	395644
8	中诚信托	107752	-15466	80662
9	华能贵诚	106217	247853	258789

续表

序号	公司简称	2022年	2021年	2020年
10	上海国信	103571	-270861	570190
11	华宝信托	103399	35547	22131
12	东莞信托	101473	3769	12818
13	国投泰康	93101	98560	257640
14	陆家嘴信托	83009	488623	115247
15	交银国信	80874	106976	110704
16	华润信托	70842	241268	269986
17	紫金信托	70355	313587	44623
18	中航信托	64549	345412	111190
19	英大信托	60162	124244	39174
20	国通信托	58745	69149	44623
21	中海信托	54874	-166970	-4568
22	中铁信托	49689	51545	75472
23	苏州信托	46105	57470	51587
24	厦门国信	44807	30204	20369
25	粤财信托	44671	137728	98305
26	天津信托	44144	54594	49266
27	西藏信托	41683	42974	31244
28	国联信托	41230	78551	42004
29	百瑞信托	39626	82566	96993
30	五矿信托	35816	69202	861415
31	云南国信	35720	38555	31951
32	万向信托	32712	70019	-52400
33	国民信托	32519	27136	28452
34	北方国信	28194	20542	30928
35	山东国信	27886	47622	36500
36	重庆国信	19446	20409	151965
37	中粮信托	17219	219201	30077
38	浙金信托	15498	188876	10648
39	华宸信托	11333	16527	-12773
40	金谷信托	10415	10423	11127
41	华融国信	10129	48714	-570915
42	中泰信托	7558	8124	16967
43	渤海信托	4243	5257	9045
44	大业信托	3417	67170	50734

续表

序号	公司简称	2022 年	2021 年	2020 年
45	中原信托	2155	-50351	22449
46	山西信托	1884	1309	-5260
47	长城新盛	-265	-4312	-9821
48	安信信托	-9388	-64359	-673044
49	兴业信托	-15013	60243	114164
50	西部信托	-16345	-22282	34860
51	昆仑信托	-16629	-28445	78367
52	工商信托	-21892	27243	43563
53	财信信托	-30164	7566	13855
54	爱建信托	-62151	-2467	86762
55	中建投信托	-76397	23881	49682
56	外贸信托	-90903	80607	126678
57	华澳信托	-96734	32614	42445
58	平安信托	-101636	98279	303264
59	民生信托	-397422	-350381	-101923
60	华信信托	未披露	未披露	未披露
61	吉林信托	未披露	未披露	-2992
62	新时代	未披露	未披露	未披露
63	国元信托	未披露	未披露	124308
64	雪松国信	未披露	未披露	未披露
65	长安国信	未披露	28484	34702
66	北京国信	未披露	108318	64592
67	四川信托	未披露	未披露	未披露

表 5-8　　　　　信托公司自营净资产增幅序列(2022 年)　　　　　(%)

序号	公司简称	2022 年	2021 年	2020 年
1	陕西国信	32.37	3.88	7.45
2	东莞信托	17.42	0.65	2.27
3	中海信托	11.87	-26.53	-0.72
4	华宝信托	10.62	3.79	2.42
5	华宸信托	10.24	17.55	-11.94
6	国民信托	9.84	8.94	10.35
7	华鑫信托	9.64	44.86	47.97
8	云南国信	9.58	11.54	10.57
9	国投泰康	9.22	10.82	39.42

续表

序号	公司简称	2022年	2021年	2020年
10	紫金信托	9.20	69.53	10.98
11	万向信托	8.58	22.49	-14.41
12	国通信托	8.17	10.64	未披露
13	建信信托	8.06	9.25	4.42
14	中融信托	7.92	1.29	4.07
15	西藏信托	7.74	8.67	6.73
16	厦门国信	7.71	5.48	3.84
17	苏州信托	7.70	10.61	10.53
18	光大信托	7.54	5.22	36.94
19	陆家嘴信托	7.18	73.17	20.86
20	天津信托	6.52	8.77	8.60
21	国联信托	6.51	14.15	8.19
22	江苏国信	6.09	8.41	8.89
23	中诚信托	5.89	-0.84	4.57
24	上海国信	5.68	-12.94	37.44
25	交银国信	5.66	8.10	9.15
26	英大信托	5.45	12.67	4.16
27	北方国信	5.41	4.11	6.59
28	中信信托	5.28	5.27	2.59
29	中铁信托	4.81	5.25	8.33
30	粤财信托	4.66	16.79	13.62
31	华能贵诚	4.17	10.77	12.67
32	浙金信托	3.72	82.77	5.05
33	中航信托	3.71	24.81	8.68
34	百瑞信托	3.58	8.07	10.47
35	华融国信	2.87	16.02	-65.24
36	山东国信	2.62	4.68	未披露
37	华润信托	2.60	9.71	12.22
38	中粮信托	2.50	46.82	6.87
39	金谷信托	2.45	2.51	2.75
40	中泰信托	1.57	1.72	3.73
41	五矿信托	1.55	3.08	62.18
42	大业信托	1.09	27.26	25.92
43	山西信托	1.00	0.70	-2.73
44	重庆国信	0.73	0.77	6.11

续表

序号	公司简称	2022年	2021年	2020年
45	渤海信托	0.32	0.40	0.69
46	中原信托	0.25	-5.56	2.54
47	长城新盛	-0.26	-4.11	-8.57
48	兴业信托	-0.81	3.38	6.84
49	昆仑信托	-1.21	-2.03	5.94
50	西部信托	-3.01	-3.94	6.58
51	平安信托	-3.72	3.73	13.01
52	财信信托	-4.19	1.06	1.99
53	工商信托	-4.38	5.77	10.17
54	外贸信托	-4.59	4.25	7.15
55	爱建信托	-7.50	-0.30	11.66
56	中建投信托	-8.41	2.70	5.95
57	华澳信托	-19.81	7.16	10.27
58	安信信托	-29.13	-66.63	-87.45
59	民生信托	-61.74	-35.25	-9.30
60	华信信托	未披露	未披露	未披露
61	吉林信托	未披露	未披露	-0.74
62	新时代	未披露	未披露	未披露
63	国元信托	未披露	未披露	17.89
64	雪松国信	未披露	未披露	未披露
65	长安国信	未披露	3.65	4.65
66	北京国信	未披露	10.93	6.97
67	四川信托	未披露	未披露	未披露

自2004年以来,自营资产负债率全行业平均值连续十年基本呈逐年下降趋势,2012年达到11.45%,2013年降至11.35%,2014年降至11.21%。从2015年开始,信托行业的自营财务杠杆又开始逐年上升,2015年信托公司平均自营资产负债率为18.00%,2016年该指标上升至19.51%,2017年进一步上升至20.38%,2018年与2017年基本持平,为20.29%,2019年下降至17.17%,2020年上升至18.78%,2021年小幅上升至18.93%,2022年下降至15.67%。全行业最高资产负债率在2012年已经下降到33.70%,2013年有所上升,达到45.97%,2014年下降至40.83%,2015年回升至47.62%,2016年上升至58.58%,2017年为55.72%,2018年为45.66%,2019年为55.83%,2020年达到94.55%的历史新高,2021年继续提高到97.82%,2022年再提高至98.46%。从全行业

自营资产负债率分布的离散程度来看,变异系数自2008年以来逐年下降,在2013年上升到0.82,2014年下降至0.74,2015年下降至0.57,2016年为0.58,2017年下降至0.55,2018年保持了下降态势为0.49,2019年上升至0.60,2020年上升至1.17,2021年缩减至0.83,2022年上升至1.01。如表5-9所示。

表5-9　　　　2018—2022年信托公司自营资产负债率统计分析

项目	2018年	2019年	2020年	2021年	2022年
平均值(%)	20.29	17.17	18.78	18.93	15.67
平均值增长(百分点)	-0.09	-3.12	1.61	0.15	3.26
公司数目(家)	68	65	63	61	60
最大值(%)	45.66	55.83	94.55	97.82	98.46
最小值(%)	1.13	0.70	2.17	2.60	1.83
标准差(%)	9.89	10.32	16.09	18.93	15.89
变异系数	0.49	0.60	1.17	0.83	1.01

自营资产负债率排前5名的公司是安信信托(98.46%)、民生信托(78.98%)、财信信托(34.82%)、天津信托(31.98%)和山西信托(28.79%)。自营资产负债率排后5名的公司是百瑞信托(1.83%)、中泰信托(2.37%)、中航信托(3.29%)、华宸信托(3.38%)以及浙金信托(4.81%)。见表5-10。

表5-10　　　　信托公司自营资产负债率序列(2022年)　　　　(%)

序号	公司简称	2022年	2021年	2020年
1	安信信托	98.46	26.35	94.55
2	民生信托	78.98	-28.03	25.40
3	财信信托	34.82	-20.74	24.16
4	天津信托	31.98	-0.68	30.63
5	山西信托	28.79	3.04	24.25
6	爱建信托	27.67	-21.40	21.50
7	光大信托	27.65	58.69	18.88
8	中铁信托	27.58	12.38	39.28
9	金谷信托	26.94	72.67	12.75
10	山东国信	24.40	未披露	50.81
11	平安信托	23.14	38.69	23.49
12	云南国信	22.32	23.74	20.26
13	陆家嘴信托	19.50	-47.49	29.32
14	建信信托	19.34	61.92	19.17

续表

序号	公司简称	2022年	2021年	2020年
15	国民信托	18.11	-53.69	12.69
16	北方国信	17.71	-5.92	15.28
17	陕西国信	17.19	22.64	17.39
18	长城新盛	16.30	-14.63	19.34
19	国投泰康	15.99	-70.11	9.91
20	渤海信托	15.61	34.03	14.44
21	国通信托	15.08	未披露	35.76
22	中融信托	14.74	-51.24	15.14
23	万向信托	14.65	-22.66	19.53
24	江苏国信	13.67	3.09	20.54
25	中粮信托	13.45	29.73	5.20
26	华润信托	13.36	-1.11	6.31
27	中信信托	13.04	-27.24	12.75
28	五矿信托	13.00	5.44	10.21
29	华鑫信托	12.82	74.24	17.29
30	中原信托	12.29	36.19	8.73
31	中诚信托	11.82	-12.93	13.72
32	重庆国信	10.57	-7.14	10.63
33	东莞信托	10.21	-60.03	6.75
34	华能贵诚	10.20	39.24	16.16
35	紫金信托	10.00	50.60	13.63
36	英大信托	9.25	-13.45	11.57
37	厦门国信	8.80	108.01	27.64
38	昆仑信托	8.62	56.88	3.72
39	大业信托	8.39	-42.52	12.08
40	中海信托	8.35	-15.10	10.52
41	西藏信托	8.17	-10.19	7.40
42	中建投信托	8.15	67.88	27.15
43	苏州信托	7.40	20.52	8.91
44	华澳信托	7.36	-32.11	14.18
45	外贸信托	7.20	-71.14	2.17
46	粤财信托	6.93	43.81	3.70
47	上海国信	6.93	7.59	12.38
48	工商信托	6.87	-42.16	14.54
49	西部信托	6.76	7.64	17.08

续表

序号	公司简称	2022 年	2021 年	2020 年
50	国元信托	6.42	-46.21	4.55
51	华融国信	6.01	19.76	78.94
52	兴业信托	5.73	-40.82	16.22
53	交银国信	5.34	-29.07	8.16
54	国联信托	5.24	9.08	7.95
55	华宝信托	5.13	-36.60	6.94
56	浙金信托	4.81	-57.30	15.27
57	华宸信托	3.38	-4.64	7.18
58	中航信托	3.29	3.43	15.43
59	中泰信托	2.37	-6.12	4.23
60	百瑞信托	1.83	-56.47	2.64
61	北京国信	未披露	47.24	31.75
62	长安国信	未披露	16.07	30.01
63	吉林信托	未披露	-11.75	45.05
64	新时代	未披露	-75.68	未披露
65	雪松国信	未披露	未披露	未披露
66	四川信托	未披露	-24.55	未披露
67	华信信托	未披露	-36.88	未披露

信托公司自营资产负债率增长序列见表5-11。

表5-11　　　　信托公司自营资产负债率增长序列(2022年)　　　　　　(%)

序号	公司简称	2022 年	2021 年	2020 年
1	民生信托	42.30	未披露	未披露
2	金谷信托	15.18	10.06	11.54
3	国投泰康	7.76	2.29	12.65
4	平安信托	7.74	15.61	9.59
5	爱建信托	6.11	0.30	2.12
6	财信信托	5.64	17.53	14.83
7	国民信托	3.81	1.98	4.12
8	陆家嘴信托	3.64	25.23	8.35
9	建信信托	3.23	3.89	2.38
10	英大信托	2.94	3.19	7.00
11	外贸信托	2.26	7.35	10.78
12	华鑫信托	1.54	0.37	未披露
13	西藏信托	1.16	3.87	10.19

续表

序号	公司简称	2022 年	2021 年	2020 年
14	中信信托	0.86	26.69	25.56
15	安信信托	0.64	43.89	48.01
16	紫金信托	0.54	0.11	未披露
17	江苏国信	0.44	1.72	2.69
18	中粮信托	0.09	2.90	未披露
19	华宸信托	-0.20	28.49	50.62
20	华能贵诚	-0.36	6.10	3.29
21	大业信托	-0.37	2.76	未披露
22	百瑞信托	-0.77	18.29	11.41
23	云南国信	-0.83	11.08	14.59
24	天津信托	-0.84	5.85	5.16
25	光大信托	-0.96	4.06	14.43
26	苏州信托	-1.13	3.92	2.91
27	五矿信托	-1.14	0.60	未披露
28	交银国信	-1.19	5.45	2.87
29	中泰信托	-1.25	9.79	7.93
30	国联信托	-1.27	2.50	1.65
31	中航信托	-1.29	23.83	0.17
32	渤海信托	-1.48	5.90	9.28
33	华润信托	-1.70	14.60	5.28
34	北方国信	-2.12	9.19	6.81
35	浙金信托	-2.81	未披露	未披露
36	华宝信托	-3.03	24.30	26.24
37	上海国信	-3.62	5.78	6.13
38	中诚信托	-3.92	13.08	22.46
39	陕西国信	-4.16	18.56	21.49
40	中原信托	-4.48	2.99	2.72
41	重庆国信	-4.96	8.01	18.24
42	昆仑信托	-5.09	8.59	2.72
43	工商信托	-5.43	9.09	7.67
44	华澳信托	-5.48	8.77	1.60
45	长城新盛	-5.49	未披露	未披露
46	中铁信托	-5.54	27.84	20.09
47	中融信托	-5.71	24.67	19.02
48	万向信托	-6.20	未披露	未披露

续表

序号	公司简称	2022年	2021年	2020年
49	厦门国信	-7.25	5.75	7.32
50	西部信托	-7.87	8.44	5.21
51	中海信托	-8.23	6.56	4.92
52	山西信托	-10.76	7.44	3.42
53	粤财信托	-12.08	2.23	2.01
54	东莞信托	-12.81	6.04	5.17
55	兴业信托	-13.03	8.90	5.05
56	国通信托	-15.22	5.44	未披露
57	中建投信托	-18.91	4.92	4.81
58	山东国信	-19.72	39.37	5.25
59	华融国信	-67.78	5.94	3.61
60	北京国信	未披露	8.92	9.78
61	长安国信	未披露	27.54	7.59
62	吉林信托	未披露	9.62	15.90
63	国元信托	未披露	3.71	3.40
64	四川信托	未披露	0.59	未披露
65	华信信托	未披露	3.62	4.69
66	雪松国信	未披露	3.95	33.63
67	新时代	未披露	7.17	4.77

二、自营资产规模的公司分析

从自营资产规模排名来看,2022年,自营资产规模排名前5的信托公司为中信信托(3880561万元)、平安信托(3422122万元)、华润信托(3227355万元)、建信信托(3022310万元)和重庆国信(2993924万元)。

同时,可以发现,2013年自营资产规模达到20亿元以上的公司有52家,2014年增至56家,2015年增至63家,2016年达到65家,2017年维持在65家,2018年达到66家,2019年降至63家,2020年降至60家,2021年降至59家,2022年为58家。另外,2008—2010年,平安信托是唯一自营资产规模超过100亿元的信托公司,2011年中诚信托和华润信托的自营资产规模也超过100亿元,2012年中信信托自营资产规模也破百亿元,2014年平安信托和中信信托资产总额均超过200亿元,2020年资产总额超过200亿元的公司已达13家,2021年增长至14家,2022年为13家。从自营资产规模增幅来看,2022

年,自营资产规模增幅前5名的公司为陕西国信(25.72%)、金谷信托(23.73%)、国投泰康(19.31%)、民生信托(15.25%)以及国民信托(14.958%)。另外,自营资产规模发生下滑的公司达到了18家。

第二节 自营资产分布

一、自营资产分布的行业分析

从本书掌握的2022年年报披露情况来看,有59家信托公司公布了自营资产的行业分布情况。

信托公司的自营资产可以分为基础产业资产、房地产业资产、证券业资产、实业资产以及金融业资产等五大行业类别。2018—2022年,信托公司自营资产的行业分布如图5-1所示。

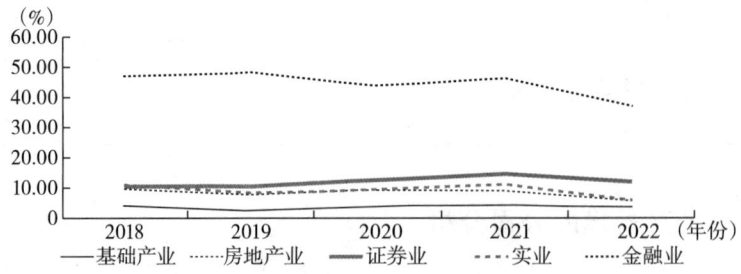

图 5-1 2018—2022 年信托公司自营资产的行业分布

2016年自营资产在实业的分布比例有所上升,上升至7.41%,2017年持续上升到10.92%,2018年则小幅下降至10.66%,2019年大幅下降至7.73%,2020年回升至9.66%,2021年继续上升至11.25%,2022年大幅下降至5.99%。

基础产业资产比例也在2016年小幅回升至3.08%,2017年达到5.41%,2018年又小幅回落至4.19%,2019年继续下降至2.66%,2020年回升至3.99%,2021年继续上升至4.58%,2022年下降至3.68%。

房地产业资产比例变化相对平缓,2016年缓慢回升至6.29%,2017年达到8.02%,2018年则大幅回升至11.06%,2019年大幅回落至6.16%,2020年回升至9.63%,2021年小幅下降至9.03%,2022年下降至6.01%。

证券业资产比例 2016 年及 2017 年都出现了小幅的下降,2016 年为 14.44%,2017 年下降至 13.85%,2018 年继续下降至 10.82%,2019 年下降至 9.92%,2020 年上升至 12.70%,2021 年继续上升至 14.72%,2022 年下降至 12.13%。

自 2009 年以来,可以获得的金融机构资产数据显示,在自营资产中,金融业资产比例一直是各种资产中最高的。2014 年该比例为 23.30%,2015 年大幅增加至 45.37%,2016 年继续上升到 48.91%,2017 年更是达到了 50%,2018 年小幅下降至 47.10%,2019 年小幅上升至 48.24%,2020 年下降至 43.92%,2021 年上升至 46.38%,2022 年下降至 37.13%。

表 5-12 总结了 2018—2022 年信托公司自营资产的行业分布描述性统计。

表 5-12　　2018—2022 年信托公司自营资产行业分布统计分析

项目		2018 年	2019 年	2020 年	2021 年	2022 年
	披露公司数目	51	49	58	58	59
基础产业资产	平均规模(万元)	36287	34444	196597	59326	56157
	平均占比(%)	4.19	2.66	3.99	4.58	3.68
	该值为 0 的公司数(家)	6	35	11	7	3
	占比最大值(%)	20.02	21.44	25.74	30.23	35.68
	占比最小值(%)	0	0	0	0	0
	占比标准差(%)	5.62	5.01	6.41	6.54	7.73
	占比变异系数	1.34	1.89	1.61	1.43	2.10
房地产业资产	平均规模(万元)	119376	77140	141872	178616	97584
	平均占比(%)	11.06	6.16	9.63	9.03	6.01
	该值为 0 的公司数(家)	3	32	4	11	1
	占比最大值(%)	49.78	47.30	58.10	34.48	44.87
	占比最小值(%)	0	0	0	0	0
	占比标准差(%)	12.57	10.42	12.67	9.67	10.98
	占比变异系数	1.14	1.69	1.32	1.07	1.83
证券业资产	平均规模(万元)	110983	109529	174462	259150	193918
	平均占比(%)	10.82	9.92	12.70	14.72	12.13
	该值为 0 的公司数(家)	0	8	2	0	0
	占比最大值(%)	58.60	58.92	52.88	47.09	76.75
	占比最小值(%)	0.04	0	0	0.01	0.04
	占比标准差(%)	12.52	12.99	13.19	10.79	15.24
	占比变异系数	1.16	1.31	1.04	0.73	1.26

续表

项目		2018年	2019年	2020年	2021年	2022年
实业资产	平均规模(万元)	103829	91563	103549	172876	75508
	平均占比(%)	10.66	7.73	9.66	11.25	5.99
	该值为0的公司数(家)	5	27	12	5	2
	占比最大值(%)	77.06	79.25	55.49	75.86	71.52
	占比最小值(%)	0	0	0	0	0
	占比标准差(%)	17.61	17.03	13.30	16.72	11.71
	占比变异系数	1.65	2.20	1.38	1.49	1.96
金融业资产	平均规模(万元)	487636	560221	687781	676551	505930
	平均占比(%)	47.10	48.24	43.92	46.38	37.13
	该值为0的公司数(家)	0	0	1	1	1
	占比最大值(%)	98.36	97.92	98.76	89.72	98.61
	占比最小值(%)	0.35	1.18	1.75	0	0
	占比标准差(%)	30.80	30.91	31.23	26.74	30.63
	占比变异系数	0.65	0.64	0.71	0.58	0.82

二、自营资产分布的公司分析

具体数据如表5-13至表5-26所示。

表5-13　　　　2022年各项自营资产比例排名前3的公司

项目	第1名	第2名	第3名
基础产业资产	陕西国信(35.68%)	陆家嘴信托(29.74%)	江苏国信(28.72%)
房地产业资产	万向信托(44.87%)	爱建信托(43.20%)	金谷信托(34.88%)
证券业资产	英大信托(76.75%)	中信信托(49.00%)	外贸信托(41.24%)
实业资产	渤海信托(71.52%)	华澳信托(34.18%)	民生信托(34.14%)
金融业资产	粤财信托(98.61%)	五矿信托(89.33%)	长城新盛(88.20%)

注:括号中数值为该行业资产占比。

表 5-14　　　　　　　　2022 年各项自营资产规模排名前 3 的公司

项目	第 1 名	第 2 名	第 3 名
基础产业资产	江苏国信 (853709)	陕西国信 (698756)	陆家嘴信托 (457911)
房地产业资产	中诚信托 (733161)	兴业信托 (648016)	华润信托 (574156)
证券业资产	中信信托 (1902786)	中融信托 (1220704)	华能贵诚 (1113017)
实业资产	渤海信托 (1128866)	中航信托 (516737)	平安信托 (442743)
金融业资产	平安信托 (2568157)	五矿信托 (2415006)	重庆国信 (2109848)

注：括号中数值为该行业资产规模，单位为万元。

表 5-15　　　　　　　自营资产分布金融业资产序列（2022 年）　　　　　　　单位：万元

序号	公司简称	2022 年	2021 年	2020 年
1	平安信托	2568157	2209419	5664644
2	五矿信托	2415006	2122730	2292514
3	重庆国信	2109848	1859201	2401227
4	江苏国信	1923222	1898293	2664846
5	华润信托	1797443	1815478	1652171
6	华能贵诚	1789075	1823542	2091122
7	上海国信	1575031	1447557	1503035
8	中融信托	1176785	951917	245635
9	粤财信托	1062194	1004718	841046
10	华鑫信托	955898	955757	831772
11	中诚信托	948642	913823	945461
12	中信信托	874580	1119162	470625
13	百瑞信托	838831	703767	115710
14	北方国信	819074	230570	194493
15	华宝信托	809693	875487	937885
16	建信信托	781396	654718	692007
17	中原信托	746365	716831	796308
18	光大信托	668520	728087	764630
19	中粮信托	658815	557894	275470
20	天津信托	655384	671692	614404
21	中建投信托	652311	935482	879231

续表

序号	公司简称	2022 年	2021 年	2020 年
22	国通信托	598273	521639	1016684
23	国元信托	556956	未披露	549037
24	紫金信托	543142	696684	420767
25	西藏信托	492500	382595	367889
26	中航信托	477912	582180	332113
27	陕西国信	468022	未披露	334719
28	西部信托	459614	542321	231116
29	国联信托	385636	369255	306418
30	苏州信托	380403	423391	387565
31	财信信托	330061	未披露	未披露
32	华融国信	323253	1207789	未披露
33	浙金信托	318793	353971	154833
34	厦门国信	308828	271350	113768
35	中海信托	267520	171411	431965
36	工商信托	267408	394712	416281
37	大业信托	246252	279163	229005
38	中泰信托	235851	224196	215658
39	金谷信托	226722	137739	409866
40	渤海信托	225492	168520	683954
41	中铁信托	213279	496926	704598
42	国民信托	197570	155682	283899
43	昆仑信托	193596	152218	112971
44	兴业信托	136966	132444	113395
45	民生信托	133126	2708797	92589
46	外贸信托	115521	114870	106044
47	长城新盛	105762	105378	117867
48	爱建信托	98686	151239	185691
49	万向信托	71852	105463	1152521
50	山西信托	49498	48879	52355
51	东莞信托	45707	49179	47282
52	华宸信托	36404	56948	56506
53	交银国信	32000	32000	32000
54	陆家嘴信托	23269	354086	26465
55	国投信托	11100	11100	70832
56	英大信托	0	781493	688169

续表

序号	公司简称	2022年	2021年	2020年
57	北京国信	未披露	641148	424621
58	长安国信	未披露	189412	280280
59	吉林信托	未披露	未披露	137854
60	华澳信托	未披露	未披露	49700
61	华信信托	未披露	未披露	未披露
62	安信信托	未披露	未披露	未披露
63	雪松国信	未披露	未披露	未披露
64	云南国信	未披露	未披露	未披露
65	新时代	未披露	未披露	未披露
66	山东国信	未披露	未披露	未披露
67	四川信托	未披露	未披露	未披露

表5-16　　自营资产分布金融业占比序列（2022年）　　（%）

序号	公司简称	2022年	2021年	2020年
1	粤财信托	98.61	84.96	98.76
2	五矿信托	89.33	78.69	91.62
3	长城新盛	88.20	81.55	90.22
4	华融国信	83.70	89.72	未披露
5	西部信托	81.42	85.31	33.92
6	中粮信托	80.92	70.32	59.48
7	西藏信托	77.94	66.06	68.73
8	中原信托	76.34	69.75	未披露
9	上海国信	76.12	71.06	76.92
10	平安信托	75.05	68.42	14.49
11	中建投信托	72.04	75.14	72.45
12	百瑞信托	71.89	61.98	11.01
13	华宝信托	71.29	82.55	92.99
14	大业信托	71.16	81.21	81.69
15	重庆国信	70.47	59.08	81.76
16	浙金信托	70.15	78.40	57.49
17	国通信托	65.30	50.55	5.74
18	江苏国信	64.71	68.11	94.92
19	天津信托	61.83	66.66	68.50
20	华能贵诚	60.50	63.97	76.16
21	紫金信托	58.55	82.50	80.57

续表

序号	公司简称	2022年	2021年	2020年
22	华鑫信托	57.53	64.18	75.43
23	华润信托	55.69	56.58	62.31
24	国元信托	54.79	未披露	62.29
25	苏州信托	54.60	62.97	63.16
26	国联信托	54.14	54.47	0.00
27	工商信托	52.17	69.33	75.37
28	中海信托	47.40	30.92	61.41
29	中泰信托	47.20	44.98	43.74
30	厦门国信	45.00	39.20	14.94
31	国民信托	44.59	40.37	81.71
32	中诚信托	43.18	42.09	44.22
33	中融信托	38.69	29.10	8.60
34	金谷信托	37.96	28.54	86.08
35	光大信托	29.14	33.68	42.29
36	华宸信托	28.82	49.60	55.69
37	北方国信	27.53	35.42	32.29
38	财信信托	26.99	未披露	未披露
39	建信信托	25.85	24.34	27.09
40	陕西国信	23.90	未披露	23.44
41	中航信托	23.61	29.64	20.01
42	中信信托	23.00	31.00	13.00
43	山西信托	18.46	15.63	21.12
44	万向信托	14.81	21.89	10.73
45	渤海信托	14.29	10.52	44.25
46	中铁信托	14.27	32.18	43.61
47	昆仑信托	12.44	9.59	7.78
48	民生信托	11.36	22.19	6.95
49	爱建信托	8.79	13.94	17.40
50	兴业信托	7.06	5.84	5.33
51	东莞信托	6.00	6.50	7.62
52	外贸信托	5.68	5.52	5.46
53	交银国信	1.77	1.86	1.75
54	陆家嘴信托	1.52	25.76	2.80
55	国投信托	0.84	1.01	7.00
56	英大信托	0.00	66.28	62.07

续表

序号	公司简称	2022年	2021年	2020年
57	北京国信	未披露	35.79	28.58
58	长安国信	未披露	20.22	25.10
59	华澳信托	未披露	0.00	9.36
60	吉林信托	未披露	未披露	19.00
61	华信信托	未披露	未披露	未披露
62	安信信托	未披露	未披露	未披露
63	雪松国信	未披露	未披露	未披露
64	云南国信	未披露	未披露	未披露
65	新时代	未披露	未披露	未披露
66	四川信托	未披露	未披露	未披露
67	山东国信	未披露	未披露	未披露

表5-17 自营资产分布金融业增加序列(2022年) 单位:万元

序号	公司简称	2022年	2021年	2020年
1	北方国信	588504	36077	-26100
2	平安信托	358739	-3455225	2332981
3	五矿信托	292277	-169784	680593
4	重庆国信	250647	-542027	-293404
5	中融信托	224868	706282	-45140
6	百瑞信托	135063	588058	60937
7	上海国信	127474	-55479	-53224
8	建信信托	126678	-37289	-80420
9	西藏信托	109904	14706	13045
10	中粮信托	100921	282424	-18013
11	中海信托	96108	-260554	36948
12	金谷信托	88983	-272127	-24192
13	国通信托	76634	-495045	未披露
14	粤财信托	57476	163672	101037
15	渤海信托	56972	-515434	266524
16	国民信托	41889	-128217	34488
17	昆仑信托	41377	39247	-1029
18	厦门国信	37478	157582	9493
19	中诚信托	34819	-31638	7266
20	中原信托	29534	-79477	-50236
21	江苏国信	24929	-766553	447084

续表

序号	公司简称	2022 年	2021 年	2020 年
22	国联信托	16381	369249	15832
23	中泰信托	11655	8538	10728
24	兴业信托	4521	19050	-121
25	外贸信托	650	8826	10521
26	山西信托	619	-3477	-14120
27	长城新盛	384	-12489	-30620
28	华鑫信托	141	123985	265741
29	交银国信	0	0	0
30	国投信托	0	-59732	-4486
31	东莞信托	-3472	1897	-1195
32	天津信托	-16308	57288	194279
33	华润信托	-18036	163307	276607
34	华宸信托	-20544	442	-29888
35	大业信托	-32911	50158	未披露
36	万向信托	-33611	-1047058	1022410
37	华能贵诚	-34467	-267579	18302
38	浙金信托	-35178	199139	-21723
39	苏州信托	-42988	35826	-27921
40	爱建信托	-52554	-34452	84281
41	光大信托	-59567	-36543	367843
42	华宝信托	-65794	-62398	-35172
43	西部信托	-82707	311205	-38576
44	中航信托	-104267	250067	-498295
45	工商信托	-127304	-21569	71823
46	紫金信托	-153543	275918	9766
47	中信信托	-244582	648537	35368
48	中建投信托	-283170	56251	227921
49	中铁信托	-283647	-207672	195060
50	陆家嘴信托	-330817	327621	18708
51	英大信托	-781493	93324	-58882
52	华融国信	-884536	未披露	未披露
53	民生信托	-2575671	2616208	-149129
54	长安国信	未披露	-90868	76419
55	北京国信	未披露	216527	-6170
56	国元信托	未披露	未披露	66638

续表

序号	公司简称	2022 年	2021 年	2020 年
57	吉林信托	未披露	未披露	48243
58	华澳信托	未披露	未披露	29700
59	陕西国信	未披露	未披露	未披露
60	华信信托	未披露	未披露	未披露
61	雪松国信	未披露	未披露	未披露
62	云南国信	未披露	未披露	未披露
63	新时代	未披露	未披露	未披露
64	财信信托	未披露	未披露	未披露
65	四川信托	未披露	未披露	未披露
66	安信信托	未披露	未披露	未披露
67	山东国信	未披露	未披露	未披露

表 5-18　自营资产分布基础产业资产序列（2022 年）　　　单位：万元

序号	公司简称	2022 年	2021 年	2020 年
1	江苏国信	853709	19181	0
2	陕西国信	698756	未披露	145931
3	陆家嘴信托	457911	254205	99888
4	建信信托	262802	170465	376203
5	华鑫信托	261530	75833	0
6	国元信托	242123	未披露	226900
7	中信信托	162272	146885	410048
8	外贸信托	160583	127645	94003
9	财信信托	129021	未披露	未披露
10	金谷信托	112101	未披露	未披露
11	爱建信托	103415	111425	159011
12	兴业信托	97268	64346	32466
13	交银国信	93693	180680	252205
14	中海信托	74197	167600	58600
15	民生信托	45934	335368	22892
16	中航信托	44152	36665	38122
17	万向信托	36726	54560	1173052
18	天津信托	31918	29526	41690
19	国民信托	29468	34397	未披露
20	昆仑信托	26341	40906	22956
21	中诚信托	25638	52269	45291

续表

序号	公司简称	2022 年	2021 年	2020 年
22	厦门国信	9750	9750	0
23	北方国信	6412	56924	6500
24	华宸信托	5097	3594	4496
25	华澳信托	4544	4000	15000
26	渤海信托	3426	3599	4488
27	中建投信托	1665	1665	3762
28	中融信托	500	500	3052
29	英大信托	0	0	1940
30	紫金信托	0	0	0
31	工商信托	0	0	0
32	国通信托	未披露	4000	2993399
33	北京国信	未披露	0	38850
34	云南国信	未披露	0	0
35	中铁信托	未披露	0	0
36	华宝信托	未披露	0	未披露
37	平安信托	未披露	未披露	1871880
38	国联信托	未披露	未披露	1096298
39	五矿信托	未披露	未披露	0
40	西部信托	未披露	未披露	0
41	中粮信托	未披露	未披露	0
42	长城新盛	未披露	未披露	0
43	浙金信托	未披露	未披露	0
44	华信信托	未披露	未披露	未披露
45	安信信托	未披露	未披露	未披露
46	新时代	未披露	未披露	未披露
47	山东国信	未披露	未披露	未披露
48	华润信托	未披露	未披露	未披露
49	雪松国信	未披露	未披露	未披露
50	国投信托	未披露	未披露	未披露
51	重庆国信	未披露	未披露	未披露
52	华能贵诚	未披露	未披露	未披露
53	大业信托	未披露	未披露	未披露
54	百瑞信托	未披露	未披露	未披露
55	长安国信	未披露	未披露	未披露
56	上海国信	未披露	未披露	未披露

续表

序号	公司简称	2022年	2021年	2020年
57	吉林信托	未披露	未披露	未披露
58	东莞信托	未披露	未披露	未披露
59	西藏信托	未披露	未披露	未披露
60	山西信托	未披露	未披露	未披露
61	光大信托	未披露	未披露	未披露
62	苏州信托	未披露	未披露	未披露
63	华融国信	未披露	未披露	未披露
64	粤财信托	未披露	未披露	未披露
65	中原信托	未披露	未披露	未披露
66	中泰信托	未披露	未披露	未披露
67	四川信托	未披露	未披露	未披露

表5-19　　自营资产分布基础产业占比序列（2022年）　　（%）

序号	公司简称	2022年	2021年	2020年
1	陕西国信	35.68	未披露	10.22
2	陆家嘴信托	29.74	18.50	10.57
3	江苏国信	28.72	0.69	0.00
4	国元信托	23.82	未披露	25.74
5	金谷信托	18.78	未披露	未披露
6	华鑫信托	15.74	5.09	0.00
7	中海信托	13.15	30.23	8.33
8	财信信托	10.55	未披露	未披露
9	爱建信托	9.26	10.47	14.90
10	建信信托	8.70	6.34	14.73
11	外贸信托	7.89	6.13	4.84
12	万向信托	7.57	11.32	10.92
13	国民信托	6.65	8.92	未披露
14	交银国信	5.17	10.48	13.78
15	兴业信托	5.02	2.84	1.53
16	华宸信托	4.04	3.13	4.43
17	中信信托	4.00	4.00	12.00
18	民生信托	3.92	2.75	1.72
19	天津信托	3.01	2.93	4.65
20	中航信托	2.18	1.87	2.30
21	昆仑信托	1.69	2.58	1.58

续表

序号	公司简称	2022年	2021年	2020年
22	厦门国信	1.42	1.41	0.00
23	中诚信托	1.17	2.42	2.12
24	华澳信托	1.08	0.71	2.83
25	北方国信	0.97	8.77	1.11
26	渤海信托	0.22	0.22	0.29
27	中建投信托	0.18	0.13	0.31
28	中融信托	0.02	0.02	0.11
29	英大信托	0.00	0.00	0.17
30	紫金信托	0.00	0.00	0.00
31	工商信托	0.00	0.00	0.00
32	北京国信	未披露	0.00	2.62
33	云南国信	未披露	0.00	0.00
34	中铁信托	未披露	0.00	0.00
35	华宝信托	未披露	0.00	未披露
36	国通信托	未披露	未披露	16.90
37	国联信托	未披露	未披露	15.70
38	五矿信托	未披露	未披露	11.62
39	平安信托	未披露	未披露	4.79
40	西部信托	未披露	未披露	0.00
41	中粮信托	未披露	未披露	0.00
42	长城新盛	未披露	未披露	0.00
43	浙金信托	未披露	未披露	0.00
44	华信信托	未披露	未披露	未披露
45	安信信托	未披露	未披露	未披露
46	新时代	未披露	未披露	未披露
47	山东国信	未披露	未披露	未披露
48	华润信托	未披露	未披露	未披露
49	雪松国信	未披露	未披露	未披露
50	国投信托	未披露	未披露	未披露
51	重庆国信	未披露	未披露	未披露
52	华能贵诚	未披露	未披露	未披露
53	大业信托	未披露	未披露	未披露
54	百瑞信托	未披露	未披露	未披露
55	长安国信	未披露	未披露	未披露
56	上海国信	未披露	未披露	未披露

续表

序号	公司简称	2022 年	2021 年	2020 年
57	吉林信托	未披露	未披露	未披露
58	东莞信托	未披露	未披露	未披露
59	西藏信托	未披露	未披露	未披露
60	山西信托	未披露	未披露	未披露
61	光大信托	未披露	未披露	未披露
62	苏州信托	未披露	未披露	未披露
63	华融国信	未披露	未披露	未披露
64	粤财信托	未披露	未披露	未披露
65	中原信托	未披露	未披露	未披露
66	中泰信托	未披露	未披露	未披露
67	四川信托	未披露	未披露	未披露

表 5-20　自营资产分布房地产资产序列（2022 年）　　　单位：万元

序号	公司简称	2022 年	2021 年	2020 年
1	中诚信托	733161	730848	887879
2	兴业信托	648016	437787	362709
3	华润信托	574156	856902	230167
4	交银国信	569207	454320	720453
5	爱建信托	485119	243959	209336
6	中信信托	477359	283467	395379
7	重庆国信	412238	367705	92563
8	平安信托	358739	501083	592960
9	陕西国信	346657	未披露	202668
10	中航信托	332266	245214	110232
11	昆仑信托	287881	399152	311786
12	万向信托	217669	166147	112542
13	金谷信托	208301	61091	847
14	中融信托	203674	13319	150747
15	江苏国信	157411	204479	0
16	华鑫信托	80754	100037	0
17	中铁信托	80754	0	0
18	财信信托	54933	未披露	未披露
19	苏州信托	53119	54792	55626
20	建信信托	50346	14603	155321
21	国元信托	46611	未披露	46607

续表

序号	公司简称	2022 年	2021 年	2020 年
22	百瑞信托	40135	72134	93116
23	国民信托	38824	15042	未披露
24	工商信托	33413	24333	14700
25	陆家嘴信托	33310	0	36443
26	中建投信托	22106	50003	91678
27	中原信托	21499	22933	未披露
28	北方国信	20728	30598	10482
29	厦门国信	19500	15210	15210
30	天津信托	12819	16085	7002
31	华宸信托	11096	10856	21426
32	民生信托	2372	1118492	0
33	国联信托	1050	2756	12245
34	外贸信托	398	158208	255719
35	华宝信托	60	65	69
36	英大信托	4	0	0
37	紫金信托	0	25000	0
38	粤财信托	未披露	147705	未披露
39	北京国信	未披露	80125	126000
40	长安国信	未披露	41460	34666
41	渤海信托	未披露	100	100
42	云南国信	未披露	0	0
43	国通信托	未披露	未披露	0
44	五矿信托	未披露	未披露	0
45	西部信托	未披露	未披露	0
46	中粮信托	未披露	未披露	0
47	长城新盛	未披露	未披露	0
48	浙金信托	未披露	未披露	0
49	华信信托	未披露	未披露	未披露
50	安信信托	未披露	未披露	未披露
51	新时代	未披露	未披露	未披露
52	山东国信	未披露	未披露	未披露
53	雪松国信	未披露	未披露	未披露
54	国投信托	未披露	未披露	未披露
55	华能贵诚	未披露	未披露	未披露
56	华澳信托	未披露	未披露	未披露

续表

序号	公司简称	2022年	2021年	2020年
57	吉林信托	未披露	未披露	未披露
58	大业信托	未披露	未披露	未披露
59	光大信托	未披露	未披露	未披露
60	上海国信	未披露	未披露	未披露
61	中海信托	未披露	未披露	未披露
62	东莞信托	未披露	未披露	未披露
63	西藏信托	未披露	未披露	未披露
64	山西信托	未披露	未披露	未披露
65	华融国信	未披露	未披露	未披露
66	中泰信托	未披露	未披露	未披露
67	四川信托	未披露	未披露	未披露

表5-21　　自营资产分布房地产业占比序列（2022年）　　（%）

序号	公司简称	2022年	2021年	2020年
1	万向信托	44.87	34.48	58.10
2	爱建信托	43.20	22.48	19.61
3	金谷信托	34.88	12.66	0.18
4	兴业信托	33.42	19.30	17.04
5	中诚信托	33.37	33.66	41.52
6	交银国信	31.40	26.35	39.37
7	昆仑信托	18.50	25.14	21.46
8	华润信托	17.79	26.71	8.68
9	陕西国信	17.70	未披露	14.19
10	中航信托	16.42	12.89	6.64
11	重庆国信	13.77	11.69	3.14
12	中信信托	12.00	8.00	11.00
13	平安信托	10.48	15.52	25.86
14	华宸信托	8.78	9.46	21.12
15	国民信托	8.76	3.90	未披露
16	苏州信托	7.63	8.15	9.07
17	中融信托	6.70	0.41	5.28
18	工商信托	6.52	4.27	2.66
19	江苏国信	5.30	7.34	0.00
20	华鑫信托	4.86	6.72	0.00
21	国元信托	4.58	未披露	5.29

续表

序号	公司简称	2022 年	2021 年	2020 年
22	财信信托	4.49	未披露	未披露
23	百瑞信托	3.44	6.35	8.86
24	英大信托	3.44	0.00	0.00
25	北方国信	3.14	4.72	1.79
26	厦门国信	2.84	2.20	2.00
27	中建投信托	2.44	4.02	7.55
28	中原信托	2.20	2.23	未披露
29	陆家嘴信托	2.16	0.00	3.86
30	建信信托	1.67	0.54	6.08
31	天津信托	1.21	1.60	0.78
32	民生信托	0.20	9.16	0.00
33	国联信托	0.15	0.41	0.18
34	外贸信托	0.02	7.60	13.18
35	华宝信托	0.01	0.01	0.01
36	紫金信托	0.00	2.96	0.00
37	粤财信托	未披露	12.49	未披露
38	北京国信	未披露	4.47	8.48
39	长安国信	未披露	4.42	3.11
40	渤海信托	未披露	0.01	0.01
41	云南国信	未披露	0.00	0.00
42	中铁信托	未披露	0.00	0.00
43	国通信托	未披露	未披露	19.21
44	五矿信托	未披露	未披露	15.01
45	西部信托	未披露	未披露	0.00
46	中粮信托	未披露	未披露	0.00
47	长城新盛	未披露	未披露	0.00
48	浙金信托	未披露	未披露	0.00
49	华信信托	未披露	未披露	未披露
50	安信信托	未披露	未披露	未披露
51	新时代	未披露	未披露	未披露
52	山东国信	未披露	未披露	未披露
53	雪松国信	未披露	未披露	未披露
54	国投信托	未披露	未披露	未披露
55	华能贵诚	未披露	未披露	未披露
56	华澳信托	未披露	未披露	未披露

续表

序号	公司简称	2022年	2021年	2020年
57	大业信托	未披露	未披露	未披露
58	吉林信托	未披露	未披露	未披露
59	光大信托	未披露	未披露	未披露
60	上海国信	未披露	未披露	未披露
61	中海信托	未披露	未披露	未披露
62	东莞信托	未披露	未披露	未披露
63	西藏信托	未披露	未披露	未披露
64	山西信托	未披露	未披露	未披露
65	华融国信	未披露	未披露	未披露
66	中泰信托	未披露	未披露	未披露
67	四川信托	未披露	未披露	未披露

表5-22　自营资产分布证券业资产序列（2022年）　　　　　单位：万元

序号	公司简称	2022年	2021年	2020年
1	中信信托	1902786	1473059	364940
2	中融信托	1220704	918668	1092762
3	华能贵诚	1113017	708958	558355
4	英大信托	1015622	324578	410213
5	外贸信托	839100	980157	612127
6	兴业信托	514068	599664	384724
7	昆仑信托	471848	331940	202662
8	建信信托	438622	443730	82469
9	交银国信	427940	350507	310869
10	华鑫信托	363368	357631	270905
11	紫金信托	358085	116554	94963
12	上海国信	319201	461670	346399
13	国投信托	318738	346309	311699
14	华润信托	310768	125489	142828
15	财信信托	303656	未披露	未披露
16	华宝信托	290644	148988	58189
17	中航信托	235341	309770	226786
18	中诚信托	225190	223873	19630
19	重庆国信	217795	258330	231563
20	陕西国信	201335	未披露	286210
21	中海信托	185562	166163	134703

续表

序号	公司简称	2022 年	2021 年	2020 年
22	陆家嘴信托	177431	34878	16000
23	百瑞信托	155126	185005	34548
24	中铁信托	144415	97130	138794
25	国通信托	141674	292238	210814
26	云南国信	132300	89600	25000
27	东莞信托	122921	100038	117983
28	国元信托	121759	未披露	8124
29	苏州信托	111818	105898	89106
30	天津信托	104731	91282	65305
31	五矿信托	100356	444172	111276
32	北方国信	99088	73751	159135
33	国民信托	95339	109098	未披露
34	光大信托	72945	240587	136263
35	西部信托	52374	69402	347576
36	华宸信托	48449	19510	4808
37	西藏信托	47949	72161	60174
38	厦门国信	40708	76545	135175
39	爱建信托	34649	117447	95918
40	中建投信托	26357	185	333
41	中泰信托	22295	31080	31518
42	国联信托	14730	24512	1963
43	渤海信托	13983	1524	1284
44	工商信托	9391	268	244
45	万向信托	8121	18880	167431
46	中原信托	6006	6290	8253
47	华融国信	4307	3473	未披露
48	中粮信托	2708	39405	37614
49	江苏国信	1128	539599	25760
50	民生信托	未披露	1408748	未披露
51	长安国信	未披露	195519	393474
52	浙金信托	未披露	52550	63672
53	北京国信	未披露	20646	35111
54	粤财信托	未披露	9191	2857
55	吉林信托	未披露	未披露	383766
56	平安信托	未披露	未披露	0

续表

序号	公司简称	2022 年	2021 年	2020 年
57	长城新盛	未披露	未披露	0
58	山西信托	未披露	未披露	未披露
59	大业信托	未披露	未披露	未披露
60	四川信托	未披露	未披露	未披露
61	金谷信托	未披露	未披露	未披露
62	华澳信托	未披露	未披露	未披露
63	山东国信	未披露	未披露	未披露
64	雪松国信	未披露	未披露	未披露
65	新时代	未披露	未披露	未披露
66	安信信托	未披露	未披露	未披露
67	华信信托	未披露	未披露	未披露

表 5-23　　　　自营资产分布证券业占比序列（2022 年）　　　　（%）

序号	公司简称	2022 年	2021 年	2020 年
1	英大信托	76.75	27.53	37.00
2	中信信托	49.00	40.00	10.00
3	外贸信托	41.24	47.09	31.55
4	中融信托	40.13	28.08	38.26
5	紫金信托	38.60	13.80	18.19
6	华宸信托	38.36	16.99	4.74
7	华能贵诚	37.63	24.87	20.34
8	中海信托	32.88	29.97	19.15
9	昆仑信托	30.32	20.90	13.95
10	兴业信托	26.51	26.43	18.08
11	华宝信托	25.59	14.05	5.77
12	云南国信	25.16	18.47	5.97
13	财信信托	24.83	未披露	未披露
14	国投信托	24.28	31.47	30.82
15	交银国信	23.60	20.33	16.99
16	华鑫信托	21.87	24.01	24.57
17	国民信托	21.51	28.29	未披露
18	东莞信托	16.14	13.22	19.02
19	苏州信托	16.05	15.75	14.52
20	国通信托	15.46	28.32	1.19
21	上海国信	15.43	22.67	17.73

续表

序号	公司简称	2022年	2021年	2020年
22	北方国信	15.02	11.37	27.21
23	建信信托	14.51	16.50	3.23
24	百瑞信托	13.29	16.29	3.29
25	国元信托	11.98	未披露	0.92
26	中航信托	11.63	15.77	13.66
27	陆家嘴信托	11.52	2.54	1.69
28	陕西国信	10.28	未披露	20.05
29	中诚信托	10.25	10.31	0.92
30	天津信托	9.88	9.06	7.28
31	中铁信托	9.66	6.29	8.59
32	华润信托	9.63	3.91	5.39
33	西部信托	9.28	10.92	51.01
34	西藏信托	7.59	12.46	11.24
35	重庆国信	7.27	8.21	7.85
36	厦门国信	5.93	11.06	17.75
37	中泰信托	4.46	6.24	6.39
38	五矿信托	3.71	16.47	4.45
39	光大信托	3.18	11.13	7.53
40	爱建信托	3.09	10.82	8.99
41	中建投信托	2.91	0.01	0.03
42	国联信托	2.07	3.62	2.81
43	工商信托	1.83	0.05	0.04
44	万向信托	1.67	3.92	1.56
45	华融国信	1.12	0.26	未披露
46	渤海信托	0.89	0.10	0.08
47	中原信托	0.61	0.61	0.83
48	中粮信托	0.33	4.97	7.62
49	江苏国信	0.04	19.36	0.92
50	长安国信	未披露	20.87	35.25
51	浙金信托	未披露	11.64	23.64
52	民生信托	未披露	11.54	未披露
53	北京国信	未披露	1.15	2.36
54	粤财信托	未披露	0.78	0.34
55	吉林信托	未披露	未披露	52.88
56	平安信托	未披露	未披露	0.00

续表

序号	公司简称	2022 年	2021 年	2020 年
57	长城新盛	未披露	未披露	0.00
58	华信信托	未披露	未披露	未披露
59	安信信托	未披露	未披露	未披露
60	新时代	未披露	未披露	未披露
61	雪松国信	未披露	未披露	未披露
62	四川信托	未披露	未披露	未披露
63	山东国信	未披露	未披露	未披露
64	华澳信托	未披露	未披露	未披露
65	金谷信托	未披露	未披露	未披露
66	山西信托	未披露	未披露	未披露
67	大业信托	未披露	未披露	未披露

表 5-24　　自营资产分布实业资产序列（2022 年）　　单位：万元

序号	公司简称	2022 年	2021 年	2020 年
1	渤海信托	1128866	1214842	700485
2	中航信托	516737	未披露	未披露
3	平安信托	442743	460598	456422
4	民生信托	399970	未披露	未披露
5	财信信托	341029	未披露	未披露
6	昆仑信托	259105	227550	229356
7	建信信托	257765	232429	186267
8	华润信托	222305	191863	101855
9	中融信托	210286	256986	161604
10	爱建信托	195059	169923	195563
11	中信信托	162272	146885	216497
12	华澳信托	144417	未披露	未披露
13	万向信托	112807	未披露	0
14	厦门国信	106613	114112	0
15	天津信托	99211	35000	15000
16	重庆国信	83517	147750	未披露
17	百瑞信托	82151	137591	307323
18	北方国信	79968	21227	3546
19	浙金信托	75455	未披露	0
20	西藏信托	63508	101386	44350
21	苏州信托	58083	40240	30662

续表

序号	公司简称	2022年	2021年	2020年
22	陕西国信	33583	未披露	9723
23	中诚信托	31578	33459	66181
24	中建投信托	31057	未披露	未披露
25	国通信托	24824	未披露	0
26	国元信托	22710	未披露	42375
27	中海信托	19997	20000	未披露
28	紫金信托	19985	0	0
29	国联信托	18104	18701	未披露
30	中原信托	15362	9251	2851
31	华宸信托	14949	11236	3621
32	江苏国信	11371	7361	0
33	工商信托	10208	20941	22250
34	光大信托	1200	3292	4632
35	英大信托	0	0	0
36	华鑫信托	0	未披露	未披露
37	北京国信	未披露	1011238	824416
38	长安国信	未披露	246717	205346
39	金谷信托	未披露	106827	199
40	中铁信托	未披露	0	0
41	山西信托	未披露	未披露	800
42	西部信托	未披露	未披露	0
43	中粮信托	未披露	未披露	0
44	长城新盛	未披露	未披露	0
45	外贸信托	未披露	未披露	0
46	云南国信	未披露	未披露	0
47	华信信托	未披露	未披露	未披露
48	国民信托	未披露	未披露	未披露
49	华宝信托	未披露	未披露	未披露
50	安信信托	未披露	未披露	未披露
51	新时代	未披露	未披露	未披露
52	山东国信	未披露	未披露	未披露
53	雪松国信	未披露	未披露	未披露
54	国投信托	未披露	未披露	未披露
55	华能贵诚	未披露	未披露	未披露
56	五矿信托	未披露	未披露	未披露

续表

序号	公司简称	2022年	2021年	2020年
57	兴业信托	未披露	未披露	未披露
58	大业信托	未披露	未披露	未披露
59	上海国信	未披露	未披露	未披露
60	吉林信托	未披露	未披露	未披露
61	东莞信托	未披露	未披露	未披露
62	华融国信	未披露	未披露	未披露
63	粤财信托	未披露	未披露	未披露
64	中泰信托	未披露	未披露	未披露
65	交银国信	未披露	未披露	未披露
66	陆家嘴信托	未披露	未披露	未披露
67	四川信托	未披露	未披露	未披露

表5-25　　　　自营资产分布实业占比序列（2022年）　　　　（%）

序号	公司简称	2022年	2021年	2020年
1	渤海信托	71.52	75.86	45.32
2	华澳信托	34.18	未披露	未披露
3	民生信托	34.14	未披露	未披露
4	财信信托	27.89	未披露	未披露
5	中航信托	25.53	未披露	未披露
6	万向信托	23.25	未披露	0.00
7	爱建信托	17.37	15.66	18.32
8	昆仑信托	16.65	14.33	15.79
9	浙金信托	16.60	未披露	0.00
10	厦门国信	15.53	16.48	0.00
11	平安信托	12.94	14.26	28.60
12	北方国信	12.12	3.27	0.61
13	华宸信托	11.84	9.79	3.57
14	西藏信托	10.05	17.50	8.29
15	天津信托	9.36	3.47	1.67
16	建信信托	8.53	8.64	7.29
17	苏州信托	8.34	5.98	5.00
18	百瑞信托	7.04	12.12	29.24
19	中融信托	6.91	7.85	5.66
20	华润信托	6.89	5.98	3.84
21	中信信托	4.00	4.00	6.00

续表

序号	公司简称	2022 年	2021 年	2020 年
22	中海信托	3.54	3.61	未披露
23	中建投信托	3.43	未披露	未披露
24	重庆国信	2.79	4.70	未披露
25	国通信托	2.71	未披露	25.43
26	国联信托	2.54	2.76	未披露
27	国元信托	2.23	未披露	4.81
28	紫金信托	2.15	0.00	0.00
29	工商信托	1.99	3.68	4.03
30	陕西国信	1.71	未披露	0.68
31	中原信托	1.57	0.90	0.29
32	中诚信托	1.44	1.54	3.09
33	江苏国信	0.38	0.00	0.00
34	光大信托	0.05	0.15	0.26
35	英大信托	0.00	0.00	0.00
36	华鑫信托	0.00	未披露	未披露
37	长安国信	未披露	26.33	18.39
38	北京国信	未披露	56.46	55.49
39	金谷信托	未披露	22.13	0.04
40	外贸信托	未披露	0.00	0.00
41	中铁信托	未披露	0.00	0.00
42	山西信托	未披露	未披露	0.32
43	西部信托	未披露	未披露	0.00
44	中粮信托	未披露	未披露	0.00
45	长城新盛	未披露	未披露	0.00
46	云南国信	未披露	未披露	0.00
47	华信信托	未披露	未披露	未披露
48	国民信托	未披露	未披露	未披露
49	华宝信托	未披露	未披露	未披露
50	安信信托	未披露	未披露	未披露
51	新时代	未披露	未披露	未披露
52	山东国信	未披露	未披露	未披露
53	雪松国信	未披露	未披露	未披露
54	国投信托	未披露	未披露	未披露
55	华能贵诚	未披露	未披露	未披露
56	五矿信托	未披露	未披露	未披露

续表

序号	公司简称	2022年	2021年	2020年
57	大业信托	未披露	未披露	未披露
58	兴业信托	未披露	未披露	未披露
59	上海国信	未披露	未披露	未披露
60	吉林信托	未披露	未披露	未披露
61	东莞信托	未披露	未披露	未披露
62	华融国信	未披露	未披露	未披露
63	粤财信托	未披露	未披露	未披露
64	中泰信托	未披露	未披露	未披露
65	交银国信	未披露	未披露	未披露
66	陆家嘴信托	未披露	未披露	未披露
67	四川信托	未披露	未披露	未披露

表5-26　　自营长期投资序列（2022年）　　单位：万元

序号	公司简称	2022年	2021年	2020年
1	五矿信托	11365511	未披露	未披露
2	江苏国信	1812837	1756544	24817
3	华润信托	1766574	1751443	0
4	建信信托	1136551	1081005	0
5	平安信托	673799	673499	未披露
6	重庆国信	645207	866992	未披露
7	中诚信托	520514	498533	0
8	国联信托	464119	447738	49670
9	国元信托	452989	未披露	未披露
10	中信信托	407455	395281	0
11	兴业信托	404516	404516	0
12	粤财信托	331106	282972	17000
13	中原信托	271435	256292	0
14	中融信托	238620	233829	0
15	中泰信托	235851	224196	10100
16	天津信托	226769	222559	0
17	上海国信	150312	150604	0
18	中铁信托	143967	180589	0
19	厦门国信	128002	123399	77458
20	紫金信托	125010	58458	39252
21	外贸信托	112713	112062	0

续表

序号	公司简称	2022年	2021年	2020年
22	华宝信托	82688	83414	0
23	山西信托	53197	52190	0
24	中海信托	48219	48054	未披露
25	华能贵诚	20000	20000	未披露
26	国投信托	17698	18693	未披露
27	昆仑信托	13560	2519	未披露
28	百瑞信托	8485	11454	0
29	北方国信	5413	5418	2093
30	工商信托	5000	5000	0
31	中建投信托	4927	7216	0
32	中粮信托	2510	2510	未披露
33	交银国信	105	105	9500
34	华宸信托	27	262	0
35	爱建信托	0	3906	0
36	英大信托	0	0	42167
37	东莞信托	0	0	未披露
38	西藏信托	0	0	64346
39	民生信托	未披露	1882772	未披露
40	长安国信	未披露	30498	1786
41	北京国信	未披露	9684	30046
42	华融国信	未披露	0	未披露
43	华信信托	未披露	未披露	未披露
44	安信信托	未披露	未披露	未披露
45	山东国信	未披露	未披露	未披露
46	四川信托	未披露	未披露	未披露
47	吉林信托	未披露	未披露	未披露
48	财信信托	未披露	未披露	未披露
49	新时代	未披露	未披露	未披露
50	雪松国信	未披露	未披露	未披露
51	陕西国信	未披露	未披露	未披露
52	云南国信	未披露	未披露	未披露
53	渤海信托	未披露	未披露	未披露
54	中航信托	未披露	未披露	未披露
55	金谷信托	未披露	未披露	未披露
56	国通信托	未披露	未披露	未披露

续表

序号	公司简称	2022 年	2021 年	2020 年
57	大业信托	未披露	未披露	140855
58	华鑫信托	未披露	未披露	未披露
59	长城新盛	未披露	未披露	未披露
60	万向信托	未披露	未披露	未披露
61	西部信托	未披露	未披露	89164
62	苏州信托	未披露	未披露	未披露
63	光大信托	未披露	未披露	未披露
64	国民信托	未披露	未披露	0
65	陆家嘴信托	未披露	未披露	未披露
66	华澳信托	未披露	未披露	0
67	浙金信托	未披露	未披露	0

第六章 公司收入结构分析

第一节　信托公司营业收入

一、营业收入的历史分析

从本书掌握的2022年年报的披露情况来看,有59家信托公司公布了营业收入与营业利润情况。

2022年,信托行业共实现营业收入949余亿元,平均每家信托公司营业收入为141712万元,比2021年下降40718万元,下降比例为22.32%。自2004年以来,信托公司的营业收入在2007年的上升幅度最大,上升了21694万元,上升比率为158.76%。

2007年,单个信托公司较高的营业收入为259269万元,之后,年高点在2008年降为200481万元,2009年小幅回升为207486万元,2010年继续上升为238640万元。2015年出现了历史最高的营业收入,达到1029044万元。中信信托2016年、2017年、2018年和2019年的营业收入分别为564900万元、574951万元、614467万元和637797万元。虽然比2015年的最高点有较大幅度的下降,但也保持了不俗的业绩。2022年平安信托营业收入再创新高,达到1944752万元。

信托公司营业收入的变异系数在2007年上升到最大,为1.42,然后逐渐下降,到2011年下降为1.03,2012年为0.86,2013年为0.82,2014年为0.85,而2015年提高至0.99,2016年又降到0.82,2017年继续下降至0.77,2018年小幅回升至0.78,2019年小幅回落至0.77,2020年上升至0.82,这表明2020年各信托公司营业收入差距有小幅扩大的现象,2021年该差距继续扩大至0.84,2022年持续扩大至1.86。具体数据如表6-1所示。

表 6-1　　　　　2018—2022 年信托公司营业收入统计分析

项目	2018 年	2019 年	2020 年	2021 年	2022 年
平均值(万元)	152460	174802	192131	182430	141712
均值增长额度(万元)	-14048	22342	17329	-9701	-40718
增长幅度(%)	-8.44	14.65	9.91	-5.05	-22.32
公司数目(家)	68	67	62	61	59
最大值(万元)	614467	637797	707270	671959	1944752
最小值(万元)	5170.91	-47932	-129729	-109063	-23180
标准差(万元)	119124	134531	157714	152888	264218
变异系数	0.78	0.77	0.82	0.84	1.86

二、营业收入的公司分析

从营业收入排名来看,2022 年,营业收入排名前 5 的信托公司分别为:平安信托(1944752 万元)、中信信托(643814 万元)、上海国信(498225 万元)、光大信托(431574 万元)和华能贵诚(392623 万元),见表 6-2。

同时,可以发现,2009 年营业收入达到 5 亿元以上的公司只有 12 家,2010 年增加到 16 家,2011 年增加到 27 家,2012 年达到 47 家,2013 年达到 56 家,2014 年达到 57 家,2015 年达到 63 家,2016 年为 58 家,2017 年为 61 家,2018 年这一指标有所回落,为 58 家,2019 年为 59 家,2020 年为 55 家,2021 年与 2020 年持平,2022 年锐减至 37 家。表 6-3 为信托公司 2022 年营业收入增长序列。

表 6-2　　　　　　　营业收入序列(2022 年)　　　　　　单位:万元

序号	公司简称	2022 年	2021 年	2020 年
1	平安信托	1944752	312702	546091
2	中信信托	643814	671959	707270
3	上海国信	498225	279808	311687
4	光大兴陇	431574	620373	563042
5	华能贵诚	392623	602308	602981
6	建信信托	363281	362093	283564
7	五矿信托	360655	459663	516352
8	华润信托	350236	436918	383668
9	华宝信托	303054	177550	144717
10	中诚信托	272196	233199	239987
11	江苏国信	247718	252220	256268

续表

序号	公司简称	2022年	2021年	2020年
12	外贸信托	239244	334383	308938
13	华鑫信托	234422	195326	166827
14	中航信托	226721	348680	376462
15	中建投信托	226721	151667	224889
16	英大信托	216560	190849	211749
17	国投泰康	210283	208641	182443
18	交银国信	194902	190276	208593
19	粤财信托	176939	199459	150169
20	山东国信	144520	177870	230563
21	爱建信托	138648	222560	238182
22	安信信托	138648	12994	-129729
23	厦门国信	128706	145593	139380
24	百瑞信托	104277	154131	192084
25	天津信托	103286	94612	97806
26	中海信托	94866	93640	67557
27	金谷信托	88481	65938	45402
28	中原信托	75652	107073	83307
29	国民信托	69054	67991	58065
30	国联信托	69054	55412	59441
31	民生信托	68709	-109063	198097
32	北方国信	66536	82166	112752
33	西藏信托	60135	88013	82527
34	华融国信	59167	145852	-262532
35	浙金信托	56531	53326	50963
36	中融信托	50336	490349	456396
37	中泰信托	50336	18244	35402
38	昆仑信托	42339	142156	205987
39	兴业信托	38441	178704	274871
40	东莞信托	32469	74385	116099
41	山西信托	29445	16385	20991
42	陕西国信	19259	195134	208120
43	紫金信托	16778	141342	116517
44	陆家嘴信托	14918	241729	193616
45	重庆国信	13943	247030	312459
46	渤海信托	13943	136666	229699

续表

序号	公司简称	2022年	2021年	2020年
47	财信信托	13943	120787	135602
48	华澳信托	13105	82769	103681
49	国通信托	11046	125503	124022
50	国元信托	9958	未披露	86472
51	云南国信	9238	90221	74589
52	中粮信托	9097	118790	78268
53	西部信托	9011	80227	80363
54	万向信托	8666	146006	156712
55	苏州信托	8337	97873	101425
56	大业信托	2882	55991	50368
57	华宸信托	233	3995	14411
58	长城新盛	191	9788	-5152
59	工商信托	-23180	66886	111043
60	长安国信	未披露	217988	328834
61	北京国信	未披露	182852	165362
62	中铁信托	未披露	160243	199012
63	四川信托	未披露	未披露	未披露
64	华信信托	未披露	未披露	未披露
65	新时代	未披露	未披露	未披露
66	中江国信	未披露	未披露	未披露
67	吉林信托	未披露	未披露	24853

表6-3　　　　　　　　　营业收入增长序列（2022年）　　　　　　　　单位：万元

序号	公司简称	2022年	2021年	2020年
1	国通信托	2684641	0	124022
2	华宝信托	1911920	16253	-3035
3	华鑫信托	469726	0	38629
4	民生信托	375869	未披露	-33000
5	陆家嘴信托	315168	1825	49472
6	建信信托	314094	10322	-36042
7	华润信托	307405	29169	76261
8	西部信托	303190	3554	10624
9	粤财信托	300945	4257	28907
10	安信信托	288852	1719	-81796
11	紫金信托	247371	0	6193

续表

序号	公司简称	2022年	2021年	2020年
12	华融国信	235430	1409	-343026
13	兴业信托	234814	4503	-23428
14	平安信托	233622	6008	78231
15	苏州信托	230273	5719	21894
16	国投泰康	221520	1634	26671
17	长城新盛	219482	未披露	-44171
18	厦门国信	210347	6443	41667
19	中融信托	205291	1461	4533
20	北京国信	192793	15358	-5931
21	大业信托	189279	0	2064
22	中粮信托	186199	0	26849
23	云南国信	161307	448	-13823
24	中诚信托	148944	3216	4493
25	山东国信	141174	6050	41896
26	山西信托	133313	10199	-3987
27	英大信托	124186	4054	58957
28	中建投信托	123558	未披露	-14660
29	渤海信托	122479	0	-62712
30	重庆国信	121960	4466	-21802
31	华澳信托	115778	0	4318
32	中原信托	114882	3566	-13538
33	长安国信	111037	3097	59595
34	东莞信托	110768	4257	6181
35	天津信托	107471	22807	13542
36	中信信托	101848	8152	69473
37	中泰信托	92809	6021	8380
38	北方国信	90721	-3	35304
39	中铁信托	71238	未披露	16442
40	江苏国信	63215	7560	-67275
41	五矿信托	59572	0	100687
42	百瑞信托	46963	2604	30382
43	上海国信	44984	15529	44572
44	中航信托	37020	0	19304
45	浙金信托	36077	未披露	-4506
46	财信信托	28758	4487	48658

续表

序号	公司简称	2022 年	2021 年	2020 年
47	华宸信托	27195	2051	13991
48	交银国信	26654	未披露	23999
49	爱建信托	24719	未披露	-17650
50	万向信托	24650	未披露	15261
51	陕西国信	24031	7156	33908
52	工商信托	20977	6186	3250
53	国联信托	12695	8522	-48826
54	国民信托	9333	1424	-173033
55	华能贵诚	673	0	98363
56	西藏信托	-5486	1045	2902
57	光大兴陇	-6995	1180	144494
58	外贸信托	-10527	16949	30065
59	中海信托	-12139	237	-44815
60	金谷信托	-20536	0	-6345
61	昆仑信托	-99817	974	12100
62	四川信托	未披露	0	未披露
63	华信信托	未披露	未披露	未披露
64	新时代	未披露	0	未披露
65	中江国信	未披露	433	未披露
66	国元信托	未披露	6539	17981
67	吉林信托	未披露	8435	-28020

第二节 信托公司利润总额与净利润

一、利润总额与净利润的历史分析

2022 年,信托行业共实现利润总额 536 亿元,平均每家信托公司利润总额为 78796 万元,比 2021 年下降了 20.31%。自 2004 年以来,信托公司的利润总额在 2007 年的上升幅度最大,上升了 26759 万元,上升比例为 273.66%;在 2008 年的下跌幅度最大,下跌了 10392 万元,下跌比例为 28.81%。

信托公司平均利润总额在 2014—2017 年连续四年持续上升,其中,2014 年上升幅度最大,达到 15.26%。2018 年出现了近 5 年内的首次下跌,2019 年虽然出现增长,但增长幅度较低。2020年出现大幅下跌,这显示出在疫情等多重因素的影响下,整个信托市场的盈利状况不容乐观,2022年该指标持续下滑。

2004年以来,信托公司利润总额在2004年差异度最大,变异系数为1.49,2005年和2006年两年变异系数下降之后,2007年变异系数增长为1.29,之后逐年下降,2011年达到0.97,2012年达到0.86,2013年达到0.84,2014年取得历史最低值0.82,2015年小幅上升至0.86,2016年与2015年持平,2017年小幅下降至0.85,2018年则大幅回升至1.05,2019年上升至1.23,2020年上升至1.45,2021年下降至1.34,2022年上升至1.58。具体数据见表6-4。

表6-4　　　　　　　　2018—2022年信托公司利润总额统计分析

项目	2018年	2019年	2020年	2021年	2022年
平均值(万元)	102265	106290	104695	98884	78796
均值增长额度(万元)	-17650	4025	-1595	-5811	-20088
增长幅度(%)	-14.72	3.94	-1.50	-5.55	-20.31
公司数目(家)	68	67	62	61	60
利润总额为负的公司数(家)	2	4	3	4	6
最大值(万元)	481998	451426	503574	500286	385569
最小值(万元)	-244250	-523897	-728803	-465183	-529628
标准差(万元)	107515	131013	152011	132361	124143
变异系数	1.05	1.23	1.45	1.34	1.58

表6-5为利润总额序列表。

表6-5　　　　　　　　　利润总额序列(2022年)　　　　　　　　　单位:万元

序号	公司简称	2022年	2021年	2020年
1	中信信托	385569	365288	293378
2	华能贵诚	330928	500287	503574
3	建信信托	287095	294793	219723
4	国联信托	280105	48374	53298
5	华润信托	265282	375175	314008
6	五矿信托	234649	313380	370307
7	江苏国信	221297	225317	220998
8	平安信托	208790	200590	382387
9	上海国信	201083	181258	203086
10	华宝信托	189600	127347	102848
11	英大信托	183791	160398	163829

续表

序号	公司简称	2022 年	2021 年	2020 年
12	光大兴陇	183078	208783	350929
13	重庆国信	183078	204026	308878
14	华鑫信托	170831	149422	113960
15	安信信托	158238	-109190	-728804
16	粤财信托	155877	163232	113103
17	中诚信托	129373	101150	103138
18	交银国信	124010	150677	154785
19	中航信托	108007	220986	261469
20	外贸信托	105918	212981	184077
21	国元信托	86235	未披露	67229
22	厦门国信	84265	91918	83173
23	中铁信托	83384	96641	132727
24	百瑞信托	75265	111766	147637
25	天津信托	67624	62581	52469
26	西部信托	64146	57546	56943
27	山东国信	59123	46514	73297
28	爱建信托	53373	130324	161480
29	国民信托	42284	36094	29498
30	西藏信托	39866	53730	48631
31	北方国信	37360	43585	39553
32	中原信托	27264	49421	41712
33	浙金信托	26542	25392	14260
34	陆家嘴信托	21180	211645	153877
35	金谷信托	18167	16009	15448
36	渤海信托	17284	7703	5152
37	国投泰康	15452	163444	139754
38	中融信托	14774	160972	143988
39	陕西国信	11146	97742	91807
40	紫金信托	11065	104351	80119
41	华融国信	8656	64125	-572482
42	国通信托	7709	75275	60983
43	苏州信托	5703	78224	69387
44	华宸信托	5286	3940	2891
45	云南国信	5214	50694	42122
46	中泰信托	4999	6051	23415

续表

序号	公司简称	2022年	2021年	2020年
47	中粮信托	4389	79250	40182
48	万向信托	4269	91539	83832
49	大业信托	4220	15647	14795
50	财信信托	3271	95489	85801
51	长城新盛	-150	-1289	-8536
52	工商信托	-29226	43279	82384
53	兴业信托	-32575	15603	153887
54	昆仑信托	-58373	44106	165816
55	中建投信托	-74416	38634	72789
56	华澳信托	-96606	43586	56849
57	民生信托	-529628	-465183	-50696
58	东莞信托	未披露	11019	68252
59	山西信托	未披露	1722	4618
60	中海信托	未披露	-139849	51656
61	华信信托	未披露	未披露	未披露
62	吉林信托	未披露	未披露	957
63	北京国信	未披露	146112	129376
64	长安国信	未披露	72302	72612
65	四川信托	未披露	未披露	未披露
66	新时代	未披露	未披露	未披露
67	中江国信	未披露	未披露	未披露

表6-6为信托公司净利润总额序列表。

表6-6　　　　信托公司净利润总额序列(2022年)　　　　单位:万元

序号	公司简称	2022年	2021年	2020年
1	平安信托	652735	101223	308477
2	中信信托	303633	278216	203297
3	华能贵诚	244414	379049	379683
4	华润信托	231631	331125	274141
5	建信信托	217715	220205	165629
6	江苏国信	198931	203969	194414
7	五矿信托	177552	236227	278376
8	中融信托	144342	128002	114009
9	英大信托	139988	123394	124297
10	粤财信托	138511	148340	100561

续表

序号	公司简称	2022年	2021年	2020年
11	华鑫信托	127328	113362	80348
12	光大信托	118829	155967	261144
13	国投泰康	118098	123560	106194
14	中诚信托	107004	102894	97337
15	安信信托	103970	-112944	-673044
16	上海国信	95672	142240	156603
17	华宝信托	86264	85895	77607
18	外贸信托	84143	164311	142062
19	紫金信托	83846	79332	58010
20	陕西国信	83798	73222	68569
21	陆家嘴信托	83009	158623	115247
22	中航信托	81794	167887	198078
23	交银国信	81128	113128	116629
24	国元信托	71370	未披露	55114
25	财信信托	69836	71387	65102
26	中铁信托	64984	77202	100592
27	百瑞信托	60456	84016	112291
28	厦门国信	59396	71652	59584
29	国通信托	58745	56437	45217
30	天津信托	57640	54735	50485
31	中海信托	54802	-157415	30000
32	国联信托	52704	43625	45807
33	苏州信托	49471	58998	52607
34	西部信托	42787	43652	42473
35	云南国信	38974	38023	31951
36	爱建信托	38964	97533	121079
37	中粮信托	35611	59201	30077
38	西藏信托	34817	47224	42800
39	昆仑信托	34311	34311	126251
40	万向信托	32712	70024	65602
41	国民信托	32519	27136	22501
42	重庆国信	31361	166732	244898
43	北方国信	28194	32770	29856
44	山东国信	28043	46852	62782
45	浙金信托	19785	18956	10648

续表

序号	公司简称	2022 年	2021 年	2020 年
46	金谷信托	13447	11891	11511
47	中原信托	12569	32851	31328
48	中泰信托	9130	8635	21599
49	渤海信托	4243	5257	1755
50	华宸信托	3912	3075	2252
51	华融国信	3734	49953	-571897
52	大业信托	3417	11753	11151
53	东莞信托	3195	7697	51618
54	山西信托	2776	2683	1804
55	长城新盛	-265	-4311	-9821
56	兴业信托	-13697	16676	116371
57	工商信托	-21892	32473	61808
58	中建投信托	-76397	28954	54383
59	华澳信托	-96734	32614	42445
60	民生信托	-397422	-350384	-38923
61	北京国信	未披露	110823	99351
62	长安国信	未披露	53992	53596
63	四川信托	未披露	未披露	未披露
64	华信信托	未披露	未披露	未披露
65	新时代	未披露	未披露	未披露
66	雪松国信	未披露	未披露	未披露
67	吉林信托	未披露	未披露	3242

二、利润总额与净利润的公司分析

从利润总额排名来看，2022 年，利润总额排名前 5 的信托公司为中信信托（385569 万元）、华能贵诚（330928 万元）、建信信托（287095 万元）、国联信托（280105 万元）以及华润信托（265282 万元）。

从信托公司净利润水平来看，自 2018 年全行业净利润出现了近 6 年来的首次下跌后，2019 年净利润继续小幅下跌，2020 年净利润出现大幅下跌，2021 年有较明显回升。2022 年净利润排名前五的信托公司分别为平安信托（652735 万元）、中信信托（303633 万元）、华能贵诚（244414 万元）、华润信托（231631 万元）以及建信信托（217715 万元）。

第三节　信托业务收入

一、信托业务收入总规模的历史对比

2022年,有58家公司披露了信托业务收入,且这58家信托公司平均信托业务收入为94667万元。2014年以来,信托公司的信托业务收入在2014年的上升比例最大,达到了9.83%,在2018年下跌幅度最大,下跌了4.18%。具体数据如表6-7所示。

表6-7　　2018—2022年信托公司信托业务收入统计分析

项目	2018年	2019年	2020年	2021年	2022年
平均值(万元)	113207	122533	136913	134985	94667
均值增长额度(万元)	-4944	9326	14380	-1928	-40318
平均增长率(%)	-4.18	8.24	11.74	-1.41	-29.87
公司数目(家)	68	67	62	61	58
最大值(万元)	545001	478848	578607	569436	467550
最小值(万元)	908.32	431	459	468	213
标准差(万元)	91732	105585	123695	132281	107714
变异系数	0.81	0.86	0.90	0.98	1.14

二、信托业务收入的公司分析

从信托业务收入排名来看,2022年信托业务收入前5名信托公司为:中信信托(467550万元)、五矿信托(435125万元)、光大信托(418781万元)、中融信托(345408万元)以及建信信托(299594万元)。见表6-8。

同时,可以发现,2013年信托业务收入达到1亿元以上和10亿元以上的公司分别有66家和19家,2014年为64家和25家,2015年为67家和26家,2016年为65家和26家,2017年为66家和29家,2018年为67家和27家,2019年为65家和31家,2020年为60家和30家,2021年为58家和29家,2022年为53家和21家。

表6-8　　　　　　　信托业务收入规模序列(2022年)　　　　　　单位:万元

序号	公司简称	2022年	2021年	2020年
1	中信信托	467550	30791	74736
2	五矿信托	435125	8975	20046

续表

序号	公司简称	2022年	2021年	2020年
3	光大信托	418781	23484	20854
4	中融信托	345408	74	48060
5	建信信托	299594	8537	27675
6	中航信托	293221	4440	18966
7	英大信托	249876	5897	9826
8	外贸信托	194549	19548	37283
9	平安信托	191663	21345	101669
10	华鑫信托	188470	13094	85005
11	中铁信托	171027	1334	42894
12	华润信托	147872	13816	159538
13	国投泰康	146905	772	64374
14	陕西国信	140556	58391	7782
15	渤海信托	139099	-228	1420
16	上海国信	131601	1678	44578
17	爱建信托	123376	9567	-4782
18	紫金信托	121349	2777	52483
19	中诚信托	116813	1794	87888
20	华宝信托	112260	1327	38348
21	中粮信托	112027	-4596	12077
22	山东国信	99029	62741	-2342761
23	陆家嘴信托	88178	33708	51248
24	国通信托	86834	-821	27048
25	江苏国信	86185	-7886	142921
26	万向信托	83296	865	1834
27	百瑞信托	82780	16151	20795
28	国民信托	80233	2694	7743
29	云南国信	80096	2859	9492
30	西部信托	77332	62	15100
31	中海信托	70951	10199	7883
32	金谷信托	69393	78	11034
33	财信信托	69292	-945	32714
34	兴业信托	65483	-2047	50866
35	粤财信托	62278	1354	108286
36	苏州信托	62045	3711	22885
37	厦门国信	60309	9	34057

续表

序号	公司简称	2022年	2021年	2020年
38	重庆国信	55834	-17694	120357
39	北方国信	51618	7888	6421
40	昆仑信托	51097	-3514	33136
41	西藏信托	48673	6622	17122
42	天津信托	48278	-629	31063
43	中建投信托	43926	1273	4238
44	国元信托	38366	30962	29555
45	浙金信托	37860	2474	8985
46	东莞信托	33859	-1206	10113
47	工商信托	25818	10750	2992
48	大业信托	24137	2	3833
49	国联信托	22118	2701	46351
50	安信信托	19133	-62889	10697
51	山西信托	14205	497	5280
52	民生信托	13297	-8796	971
53	交银国信	11242	36734	13150
54	华澳信托	9961	2031	1113
55	长城新盛	9675	2687	62
56	华融国信	8306	未披露	54870
57	中泰信托	4249	172	23299
58	华宸信托	213	1660	152
59	中原信托	未披露	未披露	未披露
60	华能贵诚	未披露	未披露	未披露
61	华信信托	未披露	未披露	未披露
62	吉林信托	未披露	未披露	未披露
63	新时代	未披露	未披露	未披露
64	雪松信托	未披露	未披露	未披露
65	长安国信	未披露	未披露	未披露
66	北京国信	未披露	未披露	未披露
67	四川信托	未披露	未披露	未披露

第七章 风控与资产质量分析

2022年，信托行业的经营发展遇到一些困难与挑战，在转型中谋发展、有效防范化解风险是信托公司的核心任务。在"新分类办法"实施的背景下，信托业彻底回归充分体现了信托制度、信托行业、信托公司所固有的财产管理功能和财产转移功能的本源定位和基本功能；风险管控的根本是坚持受托人履职尽责原则，从根源上消除长期以来变相承诺保底和刚性兑付而带来的重大风险、行业性风险和系统性风险，从而确保信托业在新的发展阶段走上科学、稳健和可持续发展的健康道路。

第一节　净资本

净资本管理既有控制"小马拉大车"无意中出现的管理能力与风控能力不相匹配的问题，也有防止个别公司为追逐眼前利益而恶意"违规超载"的现象，更有引导信托公司尽快实现从"广种薄收""以量取胜"片面追求规模的粗放式经营模式向"精耕细作"、提升业务科技含量和产品附加值内涵的经营模式升级转型的深层考量和战略意图。复杂多变环境下获取竞争优势、进行风险管控的关键是建立以净资本管理为核心的业务发展模式和管理体系。

2022年共有信托公司67家，相较于2021年减少1家，新华信托于2022年5月宣布破产。67家信托公司中披露净资本值的有60家，披露净资产值的有61家。2022年详细披露固有业务风险资本和信托业务风险资本的有19家，较2020年减少1家，占全部67家信托公司的比例不到一半。54家企业披露了各项业务风险资本之和，较2021年减少1家，显然，2022年信托公司略微减少了固有业务风险资本和信托业务风险资本，以及各项业务风险资本之和方面的披露。

在合规内容方面，《信托公司净资本管理办法》中明确规定信托公司净资本不得低于人民币2亿元。对于目前披露净资本值的60家公司尚有2家企业未达标，分别为安信信托（-61.79亿元）、民生信托（-18.99亿元）。其中最高的是华能贵诚（239.81亿元），第二位为中信信托（224亿元）。披露公司的平均净资本值为81.74亿元，较2021年减少2.37%。

监管法规定净资本不得低于各项风险资本之和的100%，不得低于净资产的40%。对于这两项指标，披露的60家公司中除万向信托、民生信托外其余各信托公司均达标，信托公司各项业务的风险资本有相应的净资本做支撑。其中，中泰信托和长城新盛净资本分别是风险资本之和的821.41%、715.27%，排名第1、第2位，净资本占净资产比重最高的是华能贵诚（90.33%），其次是云南国信（88.00%）。见表7-1。

表7-1　　　　　　　　2022年与2021年净资本相关指标排名

排名	净资本前3名（2022年）	净资本前3名（2021年）	净资本/各项业务风险资本之和前3名（2022年）	净资本/各项业务风险资本之和前3名（2021年）	净资本/净资产前3名（2022年）	净资本/净资产前3名（2021年）
第1名	华能贵诚（2398089）	华能贵诚（2276679）	中泰信托（821.41%）	中泰信托（769.20%）	华能贵诚（90.33%）	华能贵诚（89.36%）
第2名	中信信托（2240000）	中信信托（2210000）	长城新盛（715.27%）	华宸信托（721.85%）	云南国信（88.00%）	紫金信托（88.71%）
第3名	重庆国信（2141804）	平安信托（2208073）	华宸信托（651.76%）	长城新盛（664.58%）	英大信托（87.67%）	云南国信（88.00%）

第二节　自营业务不良资产

从整体来看，2022年信托公司固有业务风险持续显露。自营业务平均不良资产规模及不良资产总体规模较2021年有所下降，主要是严监管常态化、经济转型促进不良资产出清以及房地产和相关行业发生深刻变化等因素导致。

结合后文不良资产规模分布可以看出，62家信托公司中有58家存在不良资产，低于2021年。与上年相比不良资产规模缩减的有14家，较2021年减少15家。总体而言，2022年信托公司自营业务不良资产降低，资产质量上升，经营风险减小。2022年变异系数为1.53，公司间差异较上年有所增加。见表7-2。

表7-2　　　　　　　　2017—2022年自营不良资产规模的统计分析

项目	2017年	2018年	2019年	2020年	2021年	2022年
合计(万元)	1123717	1510983	4044565	4996752	60501525	5462211
平均值(万元)	17558	27472	67002	81914	991828	97539
平均值增长幅度(万元)	-58709	9914	39350	14912	909914	-894289
平均值增长率(%)	-76.98	56.46	133.69	28.00	92.00	-90.16
公司数目(家)	68	68	68	63	63	62
不良资产缩减的公司数(家)	20	17	11	20	29	14
最大值(万元)	136579	166271	795001	950558	3249536	230536
最小值(万元)	0	0	0	0	0	0
标准差(万元)	31757	38921	133227	160516	797626	146738
变异系数	1.81	1.42	2.08	1.96	0.80	1.53

从不良资产率来看,2022年67家公司平均不良资产率为10.80%,与上年相同。14家公司的不良资产率低于上年。平均不良资产率降低有两方面原因:一是与不良资产处置、核销有关,二是与增资有关。2022年不良资产率的公司间差异为1.40,总体来看与上年相比略低。见表7-3。民生信托、华澳信托、昆仑信托不良资产率较高。

表7-3　　　　　　　　2017—2022年自营不良资产率的统计分析

项目	2017年	2018年	2019年	2020年	2021年	2022年
平均值(%)	2.70	3.81	8.15	9.51	10.80	10.80
平均值增长率(百分比)	-1.43	1.11	4.34	1.36	1.29	0
公司数目(家)	68	68	68	68	68	67
不良资产率缩减的公司数(家)	22	22	15	23	29	14
最大值(%)	14.57	32.67	82.40	98.47	99.07	65.07
最小值(%)	0.00	0.00	0.00	0.00	0.00	0.00
标准差(%)	3.91	0.06	0.14	16.49	17.36	15.15
变异系数	1.45	0.02	0.02	1.73	1.61	1.40

从不良资产规模的分布区间来看,2022年亿元以上不良资产公司为50家(占全部信托公司数的86.21%),较2021年减少9家。亿元以上不良资产公司产生了99.99%以上的行业不良资产,监管对象和风控重点应集中在这50家公司,还有9家公司没有披露不良资产,也应该引起关注。见表7-4。

表 7-4　　　　　　　　　　自营不良资产规模分布

不良资产规模	亿元及以上	0~亿元	0元	总计
2022年公司数目(占比)	50 (86.21%)	1 (1.72%)	7 (12.07%)	58
2021年公司数目(占比)	59 (96.72%)	0 (0)	2 (3.28%)	61
2022年不良资产规模合计(占比)	5463861万元 (99.99%)	357万元 (0.01%)	0	5464218万元
2021年不良资产规模合计(占比)	60501525万元 (100%)	0	0	60501525万元

从信托公司不良资产规模缩减来看,2022年不良资产规模缩减最多的是交银国信,其次是陕西国信和重庆国信。不良资产率缩减最大的是万向信托,其次是华宸信托和陕西国信。见表7-5。

表 7-5　　　　　　自营业务不良资产缩减排名前5的信托公司

排名	不良资产规模缩减前5名(2022年)	不良资产规模缩减前5名(2021年)	不良资产率缩减前5名(2022年)	不良资产率缩减前5名(2021年)
第一名	交银国信 (-69117)	渤海信托 (-135130)	万向信托 (-7.60%)	中粮信托 (-21.53%)
第二名	陕西国信 (-49964)	中信信托 (-1331496)	华宸信托 (-5.36%)	渤海信托 (-7.94%)
第三名	重庆国信 (-42391)	中粮信托 (-98777)	陕西国信 (-4.78%)	英大信托 (-5.82%)
第四名	中粮信托 (-12401)	安信信托 (-97202)	金谷信托 (-4.74%)	昆仑信托 (-5.06%)
第五名	华宸信托 (-9250)	英大信托 (-67346)	长城新盛 (-4.68%)	华宸信托 (-4.91%)

注:括号内不良资产规模缩减单位为万元。

从不良资产的构成来看,按照银保监会要求,我国信托公司资产质量实行五级分类管理,次级、可疑和损失类资产即不良资产直接反映了信托公司资产的质量和安全程度。2022年信托公司正常类资产平均为1017283万元,占全部资产的75.06%,而次级、可疑和损失类不良资产平均为232341万元,占资产总额的13.33%。见表7-6。

表 7-6　　　　　　　　　　2022 年信托公司资产类别

资产类别	正常	关注	次级	可疑	损失	不良资产合计
合计(万元)	57985141	6097631	3260438	1718200	8264761	13243399
平均(万元)	1017283	106976	57201	30144	144996	232341
占比(%)	75.06	11.61	6.20	4.31	2.82	13.33

第八章 人力资源分析

第一节 人力资源基本情况

2022年信托业从业人员总数为18358人,较上年减少5.56%。信托业人员队伍略有减小,同时信托行业在金融行业中是从业人员较少的细分行业。具体在披露的60家公司中,30家公司出现人员递增的情况。2022年信托行业人员的变异系数为0.50,各公司间人员差距仍然存在但呈逐步缩小趋势(见表8-1)。信托行业近几年快速发展带来的良好发展平台和较高的薪酬水平,吸引了大量高学历人才(包括博士、硕士两个层次)的加入。11家公司高学历人员占比70%以上,46家公司高学历人员占比50%以上,17家高学历人员规模超过200人。

表8-1　　　　2016—2022年信托公司从业人员规模的统计分析

项目	2016年	2017年	2018年	2019年	2020年	2021年	2022年
总数(人)	18393	19766	20243	21408	20110	19806	18358
平均值(人)	271	295	298	324	324	324	306
平均值增长幅度(人)	13	24	3	26	0	0	-18
平均值增长率(%)	5.04	8.86	-1.03	8.72	0	0	-5.56
公司数目(家)	68	68	68	68	57	61	60
从业人员增加的公司数(家)	47	57	56	51	34	27	30
最大值(人)	1939	1974	808	945	948	889	779
最小值(人)	76	74	80	88	81	72	57
标准差(人)	253.84	255	161.21	191.36	186.58	180.22	151.65
变异系数	0.94	0.86	0.54	0.59	0.58	0.55	0.50

信托公司主要是从业人员规模在1000人以下的中小型公司,2022年规模排名前3的公司为光大信托、中信信托和五矿信托(见表8-2)。2022年从业人员增幅排名前3的公司为国元信托、渤海信托和金谷信托(见表8-3),高质量人员的加入也为这些公司

业绩增长带来了一定支撑。

表8-2　　2018—2022年从业人员规模排名前3的信托公司

排名	2022年从业人员规模	2021年从业人员规模	2020年从业人员规模	2019年从业人员规模	2018年从业人员规模
第1名	光大信托（779）	光大信托（889）	长安国信（948）	光大信托（945）	中融信托（808）
第2名	中信信托（704）	平安信托（872）	光大信托（868）	长安国信（872）	四川信托（734）
第3名	五矿信托（666）	长安国信（746）	中信信托（752）	四川信托（792）	长安国信（719）

注：括号内从业人员规模单位为人。

表8-3　　2018—2022年从业人员规模增幅排名前3的信托公司

排名	2022年增幅	2021年增幅	2020年增幅	2019年增幅	2018年增幅
第1名	国元信托（166）	平安信托（190）	平安信托（219）	光大信托（454）	光大信托（182）
第2名	渤海信托（119）	山东国信（115）	五矿信托（88）	长安国信（153）	安信信托（168）
第3名	金谷信托（78）	天津信托（92）	长安国信（76）	东莞信托（142）	五矿信托（125）

注：括号内从业人员规模增幅单位为人。

从披露的信托公司从业人员年龄来看，已披露的8家公司中，平均年龄为37.78岁，与2021年相比上涨。从业人员平均年龄最大值为42.10岁，最小值为35.60岁，行业内分布几乎不存在差异化。见表8-4。

表8-4　　2016—2022年信托公司从业人员年龄的统计分析

项目	2016年	2017年	2018年	2019年	2020年	2021年	2022年
平均值（岁）	35.36	35.54	35.67	35.79	36.00	37.13	37.78
平均值增长幅度（岁）	0.36	0.18	0.13	0.12	0.21	1.13	0.65
平均值增长率（%）	1.03	0.51	0.36	0.34	0.59	3.13	1.75
公司数目（家）	16	12	11	13	11	10	8
最大值（岁）	40.92	41.97	42.73	41.86	40.83	41.16	42.10
最小值（岁）	30.47	33.00	33.40	33.20	34.20	35.00	35.60
标准差（岁）	2.62	2.07	2.63	2.10	1.65	1.35	2.22
变异系数	0.07	0.08	0.07	0.06	0.05	0.04	0.06

2022年披露信息的公司中，平均年龄最小的是上海信托，平均年龄为35.60岁，各年

从业人员平均年龄变化不大(表8-5)。

表8-5　　　　　2018—2022年从业人员年龄最小的前3名信托公司

排名	2022年	2021年	2020年	2019年	2018年
第1名	上海信托 (35.60)	百瑞信托 (35.00)	上海信托 (34.20)	大业信托 (33.20)	上海信托 (33.40)
第2名	百瑞信托 (36.00)	浙金信托 (36.00)	百瑞信托 (35.00)	上海信托 (33.94)	兴业信托 (34.00)
第3名	浙金信托 (36.50)	北京国信 (36.00)	北京国信 (35.00)	浙金信托 (35.00)	浙金信托 (34.00)

注：括号内从业人员年龄单位为岁。

第二节　人力资源岗位分布

一、人力资源岗位总体分布

从2022年披露情况来看,在信托公司人员岗位分布中,高管人员平均人数为6人,占2.57%,自营人员平均为8人,占2.72%,信托业务人员平均163人,占50.81%,其余为其他人员(见表8-6)。其中,自营业务人员的变异系数最大,公司间差异较大。高管人数最多的是长安国信(18人),高管人数最少为2人;自营人员人数最多的为光大信托(28人),中融信托和民生信托人数最少(1人);中信信托的信托业务人员达到582人,居行业首位。回归信托本源,顺应监管要求,需要信托公司首先从人才队伍建设上满足信托主业的需求;其次才是开展自营业务创新,取得平衡发展。

表8-6　　　　　2022年信托公司从业人员岗位分布的统计分析

项目	高管	自营	信托业务
平均值(人)	6	8	163
占比(%)	2.57	2.72	50.81
公司数目(家)	67	53	56
最大值(人)	18	28	582
最小值(人)	2	1	23
标准差(人)	2.82	5.35	109.56
变异系数	0.45	0.69	0.67

二、信托业务人员分布

信托业务人员是信托公司的主力。从 2016—2022 年信托业务人员的统计分析来看,2022 年信托业务人员的平均人数为 163 人,较上年有所下降,占全部从业人员比重下降了 1.20 个百分点(见表 8-7)。信托人员的行业分布不均现象仍然明显,公司间差异较大。

表 8-7　　　　　2016—2022 年信托公司信托业务人员的统计分析

项目	2016 年	2017 年	2018 年	2019 年	2020 年	2021 年	2022 年
平均值(人)	157	157	170	180	171	173	163
占比(%)	57.97	53.22	57.34	55.58	52.92	52.01	50.81
占比增幅(百分点)	10.9	-4.75	4.12	-1.76	-2.66	-0.91	-1.20
最大值(人)	974	974	743	722	643	657	582
最小值(人)	26	26	24	24	27	26	23
标准差(人)	156.85	154.85	127.64	146.85	121.82	126.06	109.56
变异系数	0.99	0.99	0.75	0.81	0.71	0.73	0.67

三、高学历信托业务人员分布

2016—2022 年高学历人员(包括硕士和博士两个层次)数量总体呈上升趋势,其中大多数企业 2022 年高学历人员占比超过 50%。同时,标准差与变异系数均变化不大,表示 2022 年各公司间高学历人员分布较 2021 年无明显差异变化。见表 8-8。

表 8-8　　　　　2016—2022 年高学历信托公司从业人员统计分析

项目		2016 年	2017 年	2018 年	2019 年	2020 年	2021 年	2022 年
披露公司数目		68	67	68	66	62	58	57
高学历	平均值(人)	134	150	160	178	185	173	185
	占比(%)	49.38	52.51	52.84	55.13	56.82	52.01	58.54
	占比增长幅度(百分点)	1.53	3.13	0.33	2.29	1.69	-4.81	6.53
	最大值(人)	607	571	477	585	548	657	521
	最小值(人)	30	27	19	36	36	26	35
	标准差(人)	101.67	384.67	97.26	113.98	115.93	126.06	110.95
	变异系数	0.76	2.56	0.61	0.64	0.62	0.72	0.60

综合博士和硕士高学历人员,2022 年中信信托占据高学历规模第 1 名位置,而百瑞

信托占据高学历占比第 1 名位置(见表 8-9)。

表 8-9　2021—2022 年信托公司人力资源高学历分布排名前 3 的信托公司

排名	2021 年		2022 年	
	高学历规模 （人）	高学历占比 （%）	高学历规模 （人）	高学历占比 （%）
第一名	光大信托 （573）	百瑞信托 （86.00）	中信信托 （521）	百瑞信托 （87.00）
第二名	平安信托 （518）	北京国信 （77.80）	光大信托 （496）	英大国信 （78.68）
第三名	中信信托 （511）	英大信托 （76.19）	五矿信托 （448）	中原信托 （77.60）

中信信托公司研究生人数超过 500 人，持续优化形成高学历人才结构。行业头部公司打造长期人才战略，不断加大人才培训力度；持续推动创新业务发展，员工激励机制逐步完善；同时人力资源管理数字化进程加快。

可以看出，随着信托行业转型迈入深水区，无论是标品、股权还是财富方面，信托公司都离不开对人才结构的持续优化，人才和队伍将扮演至关重要的角色。尤其在资管新规落实后，信托公司纷纷开启净值化转型和非标转标的进程，搭建涵盖固收、权益、另类等大类资产以及跨越国内外多市场的全方位产品体系，人才队伍建设是重中之重。

第九章 公司治理结构分析

第一节　信托公司股权结构分析

根据第一大股东持股信息数据(见表9-1),2022年67家信托公司中有60家信托公司对各大股东的持股比例进行了披露,与2021相比有所降低。从2022年各大公司的披露数据来看,我国信托公司的股权结构依然呈现高度集中的特征,主要表现为:第一大股东股权比例在90%及以上的公司为10家,与2021年和2020年相比降低2家;持股比例在80%至90%的公司为9家,与2021年和2020年的数量保持一致;持股比例在70%至80%的公司为12家,与2021年保持一致,比2020年多3家;持股比例在60%至70%的公司为6家,与2021年保持一致,与2020年相比减少3家;持股比例在50%至60%的公司为10家,与2021年保持一致,比2020年增加1家。总体来看,在所调查的这67家信托公司中,2022年第一大股东持股比例在50%以上即达到绝对控股地位的有47家,比2021年减少2家、比2020年减少1家,而持股比例在50%以下的只有13家。纵观2020年至2022年第一大股东持股情况我们可以看出,第一大股东持股比例一直居高不下,且呈稳定趋势,而绝对控股股东的持股占比也一直很高,保持在70%以上,且总体维持均衡状态。见表9-2。

表9-1　　　　　　　　　　第一大股东持股信息

序号	公司简称	第一大股东名称	持股比例(%)
1	中诚信托	中国人民保险集团股份有限公司	32.92
2	华信信托	未披露	未披露
3	上海信托	未披露	未披露
4	中海信托	中国海洋石油集团有限公司	95.00
5	平安信托	中国平安保险(集团)股份有限公司	99.88
6	厦门国信	厦门金圆金控股份有限公司	80.00

续表

序号	公司简称	第一大股东名称	持股比例(%)
7	吉林信托	未披露	未披露
8	东莞信托	东莞金融控股集团有限公司	60.83
9	西藏信托	西藏自治区财政厅	89.43
10	山西信托	山西金融投资控股集团有限公司	90.70
11	光大信托	中国光大集团股份公司	51.00
12	中融信托	经纬纺织机械股份有限公司	37.47
13	中信信托	中国中信有限公司	82.26
14	苏州信托	苏州国际发展集团有限公司	70.01
15	外贸信托	中化资本有限公司	97.26
16	江苏国信	江苏国信股份有限公司	81.49
17	华融国信	中国信托业保障基金有限责任公司	76.79
18	粤财信托	广东粤财投资控股有限公司	98.14
19	天津信托	上海上实(集团)有限公司	77.58
20	北方国信	天津泰达投资控股有限公司	32.33
21	百瑞信托	国家电投集团资本控股有限公司	50.24
22	中原信托	河南投资集团有限公司	58.97
23	华宸信托	内蒙古交通投资(集团)有限责任公司	36.50
24	财信信托	湖南财信投资控股有限责任公司	96.00
25	兴业信托	兴业银行股份有限公司	73.00
26	工商信托	杭州市金融投资集团有限公司	57.99
27	建信信托	中国建设银行股份有限公司	67.00
28	国民信托	上海丰益股权投资基金有限公司	31.73
29	华宝信托	中国宝武钢铁集团有限公司	98.00
30	中泰信托	中国华闻投资控股有限公司	31.57
31	英大信托	国网英大股份有限公司	73.49
32	国联信托	无锡市国联发展(集团)有限公司	69.92
33	安信信托	上海国之杰投资发展有限公司	52.44
34	陕西国信	陕西煤业化工集团有限责任公司	34.58
35	新时代	未披露	未披露
36	山东国信	山东省鲁信投资控股集团有限公司	48.13
37	华润信托	华润金控投资有限公司	51.00
38	国元信托	安徽国元金融控股集团有限责任公司	49.69
39	雪松信托	未披露	未披露
40	国投信托	国投资本控股有限公司	61.29
41	昆仑信托	中油资产管理有限公司	87.18

续表

序号	公司简称	第一大股东名称	持股比例(%)
42	长安国信	西安投资控股有限公司	40.44
43	西部信托	陕西投资集团有限公司	57.78
44	云南国信	云南省国有金融资本控股集团有限公司	25.00
45	重庆国信	同方国信投资控股有限公司	66.99
46	北京国信	未披露	未披露
47	交银国信	交通银行股份有限公司	85.00
48	渤海信托	海航资本集团有限公司	51.23
49	中建投信托	中国建银投资有限责任公司	90.05
50	中铁信托	中国中铁股份有限公司	78.91
51	陆家嘴信托	上海陆家嘴金融发展有限公司	71.61
52	爱建信托	上海爱建集团股份有限公司	99.33
53	华能贵诚	华能资本服务有限公司	67.92
54	中航信托	中航投资控股有限公司	84.42
55	华澳信托	北京融达投资有限公司	50.01
56	金谷信托	中国信达资产管理股份有限公司	92.29
57	国通信托	武汉金融控股(集团)有限公司	75.00
58	四川信托	未披露	未披露
59	大业信托	中国东方资产管理股份有限公司	41.67
60	华鑫信托	中国华电集团资本控股有限公司	76.25
61	五矿信托	五矿资本控股有限公司	78.00
62	中粮信托	中粮资本投资有限公司	80.51
63	紫金信托	南京紫金投资集团有限责任公司	50.67
64	长城新盛	长城资产	35.00
65	浙金信托	浙江东方金融控股集团股份有限公司	87.01
66	万向信托	中国万向控股有限公司	76.50
67	民生信托	武汉中央商务区建设投资股份有限公司	76.76

表 9-2　　　　　　　　　　第一大股东持股比例分布情况

年份	≥90%	[80%, 90%)	[70%, 80%)	[60%, 70%)	[50%, 60%)	[0%, 50%)	披露公司数	持股比例50%以上占比
2022	10家	9家	12家	6家	10家	13家	60家	78.33%
2021	12家	9家	12家	6家	10家	14家	63家	77.78%
2020	12家	9家	9家	9家	9家	14家	62家	77.42%

由以上分析可以得知,与2021年相比,2022年有绝对控股地位的公司数量依旧有所上升,因此所调查信托公司在2022年股权高度集中和一股独大的情况更加明显。股权

的高度集中有利于更好地协调决策和管理公司的运营,确保公司的长期发展目标得到实现,减少股东之间的分歧而造成的决策延迟或不一致问题,让投资者、客户和合作伙伴更有信心和安全感。有助于吸引更多的投资和业务机会,提高信托公司在市场上的地位和竞争力。但股权的高度集中会导致控股股东对公司的参与度过高,导致董事包括独立董事、监事甚至中介机构缺乏独立性,加大了控股股东与中小股东的代理成本,决策缺乏多元化和创新性。这可能限制公司在市场上的适应能力和灵活性,以及探索新的商业机会和解决方案的能力,同时也意味着控制股东承担了较大的风险责任。如果其中控制股东遇到困境或经济问题,可能对整个信托公司的稳定性和可持续性构成威胁。

由以上分析可见,大多数公司都存在股权过于集中的问题,因此如何建立健全公司治理结构、明确决策流程和监管机制来平衡股权集中带来的潜在风险依旧是信托公司进行公司治理的关键。

就关联交易数量来看(见表9-3),由于我国信托行业市场化程度较低,关联交易现象普遍存在。在统计的67家公司中有56家信托公司披露了2022年的关联交易数量,有57家信托公司披露了2022年的关联交易金额,其中关联交易共计2128起,总金额达162241226万元,而2021年的关联交易为2074起,总金额达152326504万元。可见,2022年我国信托行业总体关联数量进一步增加,且发生总金额相比2021年同样有所增加。2022年,平均每家信托公司发生的关联交易金额为2846337万元,2021年,平均每家信托公司发生的关联交易金额为2626319万元,2022年信托行业关联交易的平均金额要比2021年有较小幅度的提升,上升幅度为7.73%。

2022年,信托行业关联交易金额最大的为英大信托,关联交易金额为50283544万元,位居第二的是建信信托,关联交易金额为18509600万元,然后是华能贵诚,关联交易金额为13795073万元。在披露相关信息的公司中,发生关联交易金额超过平均值2846337万元的公司数为11家,数量占比19.30%,金额占比高达86.17%。发生关联交易最少的三家信托公司分别为华宸信托、国通信托和大业信托,披露的关联交易金额分别为0.98万元、0万元和0万元。

表9-3 2022年信托公司关联交易金额排序

序号	公司简称	关联交易数量(起)	关联交易金额(万元)
1	安信信托	未披露	未披露
2	陕西国信	未披露	未披露

续表

序号	公司简称	关联交易数量(起)	关联交易金额(万元)
3	新时代	未披露	未披露
4	山东国信	未披露	未披露
5	雪松国信	未披露	未披露
6	华信信托	未披露	未披露
7	吉林信托	未披露	未披露
8	四川信托	未披露	未披露
9	长安国信	未披露	未披露
10	北京国信	未披露	未披露
11	英大信托	480	50283544
12	建信信托	23	18509600
13	华能贵诚	14	13795073
14	兴业信托	21	10440405
15	华润信托	34	9360914
16	华鑫信托	81	7752875
17	百瑞信托	101	6815602
18	交银国信	9	6688231
19	光大信托	49	6438248
20	平安信托	62	5204823
21	国投泰康	20	4520812
22	五矿信托	17	2426758
23	重庆国信	11	2336309
24	中诚信托	202	2253077
25	中原信托	346	1809702
26	财信信托	未披露	1685112
27	中海信托	18	1387593
28	中铁信托	28	1300668
29	陆家嘴信托	18	1196357
30	粤财信托	20	1081393
31	中粮信托	17	944701
32	苏州信托	240	939395
33	工商信托	25	663139
34	渤海信托	8	583561
35	中航信托	21	576648
36	华融国信	3	494976
37	昆仑信托	2	492286

续表

序号	公司简称	关联交易数量(起)	关联交易金额(万元)
38	上海国信	4	382625
39	紫金信托	6	377087
40	厦门国信	27	356878
41	中建投信托	22	188638
42	华宝信托	8	161319
43	金谷信托	9	148886
44	北方国信	3	115309
45	浙金信托	11	84337
46	中融信托	14	83100
47	西藏信托	7	82756
48	长城新盛	4	80262
49	华澳信托	2	64800
50	国元信托	19	63075
51	东莞信托	10	47250
52	天津信托	5	36353
53	中信信托	30	20878
54	国民信托	1	19980
55	爱建信托	12	17433
56	中泰信托	8	16747
57	外贸信托	10	8067
58	云南国信	4	6929
59	山西信托	5	2936
60	万向信托	13	1805
61	江苏国信	5	1023
62	西部信托	3	595
63	国联信托	3	591
64	华宸信托	1	1
65	国通信托	0	0
66	大业信托	0	0
67	民生信托	12	-110235
合计		2128	162241226
平均		38	2846337

由以上分析可知,与2021年相比,2022年我国信托行业的关联交易额小幅度上升,且总体上依然保持在较高的水平,仍有11家信托公司的关联交易金额明显高于行

业平均水平。虽然关联交易可以通过关联方彼此的信任提供合作机会和协同效应,实现专业知识和经验的共享,达到拓展业务范围并扩大客户基础,并满足不同市场的需求,共同应对市场竞争,进一步达到增加收入和利润等目的。但频繁的关联交易也可能存在着潜在利益冲突,关联方可能倾向于谋求自身利益而损害其他股东或利益相关方的权益,以及在交易中一方可能掌握更多关于交易的信息,而另一方则可能缺乏同等的信息获取机会,从而导致不公平的交易条件或决策上的劣势,同时过多的关联交易可能分散信托公司的资源和注意力,导致其偏离核心业务,这可能导致资源浪费、运营效率下降,甚至增加公司的运营风险。因此规范关联交易成为信托行业的突出问题,如何保障透明度、利益公平性和独立性以及维护公司和股东权益将成为监管机构的重点工作之一。

第二节　董事会结构分析

依据 67 家信托公司 2022 年的董事会设置(见表 9 – 4),披露相关信息的 56 家公司的第一大股东都担任了董事长、监事或者其他高管职务。从总数来看,第一大股东对公司的经营决策仍然具有较高的掌控能力。在被研究的 67 家公司中,第一大股东兼任监事的共有 43 家企业,担任董事长并兼任总经理或者总裁一职的有 11 家,该数据 2021 年为 12 家,2022 年较 2021 年两职兼任的公司数量减少了 1 家。董事兼任经营管理人员,一方面,可以实现决策和执行的高效性,能够快速作出决策和采取行动,提高公司的灵活性和反应速度,并且可以更好地整合和协调公司的资源,确保战略目标的一致性和有效实施,在一定程度上降低了委托代理关系产生的代理成本。另一方面,兼任安排会导致公司独立性和监督机制的缺失,他们可能无法对自身决策和行为进行有效监督,缺乏独立的审查和制衡,增加公司内部控制风险,而且,权力过于集中可能导致面临利益冲突的风险。他们可能倾向于推动符合自身利益的决策,而忽视其他股东或利益相关方的权益。这可能导致决策的偏倚和公司治理问题。

表 9 – 4　　　　　　　　　　董事会设置情况(2022 年)

序号	公司简称	第一大股东名称	担任高管职务
1	中诚信托	中国人民保险集团股份有限公司	董事长、董事、监事长
2	华信信托	未披露	未披露

续表

序号	公司简称	第一大股东名称	担任高管职务
3	上海信托	未披露	未披露
4	中海信托	中国海洋石油集团有限公司	董事长、董事、监事会主席、党委委员、副总裁
5	平安信托	中国平安保险(集团)股份有限公司	董事长、董事、监事会主席
6	厦门国信	厦门金圆金控股份有限公司	董事长、董事、监事会主席、监事、总经理、纪委书记
7	吉林信托	未披露	未披露
8	东莞信托	东莞金融控股集团有限公司	董事长、董事、独立董事
9	西藏信托	西藏自治区财政厅	董事长、董事、独立董事、监事
10	山西信托	山西金融投资控股集团有限公司	董事长、董事、独立董事、监事会主席
11	光大信托	中国光大集团股份公司	董事长、董事、监事
12	中融信托	经纬纺织机械股份有限公司	董事长、副董事长、董事、监事
13	中信信托	中国中信有限公司	董事长、副董事长、董事、独立董事、监事会主席、监事、总经理
14	苏州信托	苏州国际发展集团有限公司	董事长、董事、独立董事、监事长、监事
15	外贸信托	中化资本有限公司	董事长、董事、独立董事、监事会主席、监事、总经理
16	江苏国信	江苏国信股份有限公司	董事长、董事、监事长、监事
17	华融国信	中国信托业保障基金有限责任公司	董事长、董事、独立董事、监事长、监事
18	粤财信托	广东粤财投资控股有限公司	董事长、董事、独立董事、监事长
19	天津信托	上海上实(集团)有限公司	董事长、董事、独立董事、监事长、监事、
20	北方国信	天津泰达投资控股有限公司	董事长、董事
21	百瑞信托	国家电投集团资本控股有限公司	董事长、董事、执行董事、独立董事、监事
22	中原信托	河南投资集团有限公司	董事、监事
23	华宸信托	内蒙古交通投资(集团)有限责任公司	未披露
24	财信信托	湖南财信投资控股有限责任公司	董事长、董事、独立董事、监事会主席
25	兴业信托	兴业银行股份有限公司	董事长、董事
26	工商信托	杭州市金融投资集团有限公司	董事长、董事
27	建信信托	中国建设银行股份有限公司	董事长、执行董事、董事、总裁、监事
28	国民信托	上海丰益股权投资基金有限公司	副董事长
29	华宝信托	中国宝武钢铁集团有限公司	董事长、董事、独立董事、监事会主席、监事、总经理
30	中泰信托	中国华闻投资控股有限公司	董事长、董事、独立董事、监事会主席、股东代表监事
31	英大信托	国网英大股份有限公司	董事长、董事、监事会主席、总经理、副总经理
32	国联信托	无锡市国联发展(集团)有限公司	董事长、董事、监事会主席

续表

序号	公司简称	第一大股东名称	担任高管职务
33	安信信托	上海国之杰投资发展有限公司	未披露
34	陕西国信	陕西煤业化工集团有限责任公司	未披露
35	新时代	未披露	未披露
36	山东国信	山东省鲁信投资控股集团有限公司	董事长、执行董事、非执行董事、监事
37	华润信托	华润金控投资有限公司	董事长、董事、监事
38	国元信托	安徽国元金融控股集团有限责任公司	董事长、董事、独立董事、监事长、总裁
39	雪松信托	未披露	未披露
40	国投信托	国投资本控股有限公司	董事长、董事、独立董事
41	昆仑信托	中油资产管理有限公司	董事长、董事、独立董事、监事会主席、监事、总裁
42	长安国信	西安投资控股有限公司	董事长、董事、独立董事、监事会主席
43	西部信托	陕西投资集团有限公司	董事长、董事
44	云南国信	云南省国有金融资本控股集团有限公司	董事、独立董事、监事长
45	重庆国信	同方国信投资控股有限公司	董事长、董事、监事会主席
46	北京国信	未披露	未披露
47	交银国信	交通银行股份有限公司	董事长、执行董事、董事、候任董事、监事长
48	渤海信托	海航资本集团有限公司	董事长、董事
49	中建投信托	中国建银投资有限责任公司	董事长、董事、独立董事、监事会主席、监事
50	中铁信托	中国中铁股份有限公司	董事长、董事
51	陆家嘴信托	上海陆家嘴金融发展有限公司	董事长、董事、监事会主席、监事、总经理
52	爱建信托	上海爱建集团股份有限公司	董事长、董事、监事长、监事、总经理、常务副总经理
53	华能贵诚	华能资本服务有限公司	董事长、董事
54	中航信托	中航投资控股有限公司	董事长、董事、监事会主席
55	华澳信托	北京融达投资有限公司	董事长、董事、独立董事
56	金谷信托	中国信达资产管理股份有限公司	董事长、董事、监事会主席、监事
57	国通信托	武汉金融控股(集团)有限公司	董事长、董事、监事长
58	四川信托	未披露	未披露
59	大业信托	中国东方资产管理股份有限公司	董事、独立董事、监事
60	华鑫信托	中国华电集团资本控股有限公司	未披露
61	五矿信托	五矿资本控股有限公司	董事长、董事、监事
62	中粮信托	中粮资本投资有限公司	董事长、董事
63	紫金信托	南京紫金投资集团有限责任公司	董事长、董事、独立董事、监事会主席
64	长城新盛	长城资产	董事长、董事、独立董事
65	浙金信托	浙江东方金融控股集团股份有限公司	董事长、董事、独立董事、监事会主席、监事
66	万向信托	中国万向控股有限公司	董事长、董事、监事

续表

序号	公司简称	第一大股东名称	担任高管职务
67	民生信托	武汉中央商务区建设投资股份有限公司	董事长、副董事长、董事、独立董事、监事会主席、监事会副主席、监事

就董事会中董事数量而言（见表9-5），2022年披露相关信息的公司为58家，较2021年减少5家。依据披露结果，2022年董事会成员总数为491人，较2021年董事会成员总数的533人减少42人。2022年信托行业董事会平均人数为8.47人，与2021年、2020年平均人数基本持平。其中，董事会人数最多的是中诚信托和万向信托，董事会人数均为13人，其次是重庆国信、民生信托，董事会人数均为12人，然后是百瑞信托和中建投信托，董事会人数均为11人，人数最少的为紫金信托等8家，董事会人数为6人。2022年董事会成员与上年相比没有太大变化。对于董事会规模与公司绩效之间的关系，学界普遍认为存在明显的倒U形曲线关系，即人数过多会导致沟通不到位、决策效率低下、成本上升等问题，人数过少又难以实现真正的集体决策，合适规模的董事会可以更快地做出决策，减少拖延和冗余，从而提高公司的灵活性和快速应对市场变化的能力，同时有利于内部监事功能的发挥。适度规模的董事会可以提供更多的监督和制衡，减少权力集中和利益冲突的风险，确保公司管理层的诚信和责任感。一般认为7~8人为最佳人数标准。由以上的分析可以得知，我国信托公司的董事会规模结构与2021年相比变化不大，但同时也应该考虑信托行业的特殊性。

表9-5　　　　　　　　　董事数量（2022年）

序号	公司简称	董事数量（人）
1	华信信托	未披露
2	上海信托	未披露
3	吉林信托	未披露
4	安信信托	未披露
5	陕西国信	未披露
6	新时代	未披露
7	雪松信托	未披露
8	北京国信	未披露
9	四川信托	未披露
10	中诚信托	13
11	万向信托	13
12	重庆国信	12

续表

序号	公司简称	董事数量(人)
13	民生信托	12
14	百瑞信托	11
15	中建投信托	11
16	中原信托	10
17	长安国信	10
18	中海信托	9
19	平安信托	9
20	厦门国信	9
21	光大信托	9
22	中融信托	9
23	苏州信托	9
24	江苏国信	9
25	兴业信托	9
26	工商信托	9
27	建信信托	9
28	华宝信托	9
29	中泰信托	9
30	英大信托	9
31	国联信托	9
32	华润信托	9
33	国元信托	9
34	国投信托	9
35	昆仑信托	9
36	西部信托	9
37	云南国信	9
38	华能贵诚	9
39	中航信托	9
40	五矿信托	9
41	浙金信托	9
42	中信信托	8
43	天津信托	8
44	国民信托	8
45	山东国信	8
46	交银国信	8
47	爱建信托	8

续表

序号	公司简称	董事数量(人)
48	大业信托	8
49	中粮信托	8
50	长城新盛	8
51	东莞信托	7
52	西藏信托	7
53	华融国信	7
54	粤财信托	7
55	北方国信	7
56	华宸信托	7
57	财信信托	7
58	中铁信托	7
59	陆家嘴信托	7
60	山西信托	6
61	外贸信托	6
62	渤海信托	6
63	华澳信托	6
64	金谷信托	6
65	国通信托	6
66	华鑫信托	6
67	紫金信托	6
	合计	491
	平均值	8.47

第三节 治理结构相关规定

公司治理不完善是金融市场乱象的主要表现形式,是引发金融风险的重要源头之一。优良的治理结构能够营造良好的公司管理环境,提升市场声誉,增强风险管理能力,有效制定和实施战略,并平衡不同利益相关方的权益,从而促进公司可持续性发展和长期价值创造。

一、监管要求

早在2020年两会期间,银保监会便表示"目前中小金融机构股东股权领域的问题依然比较突出、不规范金融创新业务仍存挑战……推动落实商业银行股权托管举措,并研究出台大股东行为监管指引、银行保险机构公司治理指引、关联交易管理办法,防止乱象反弹回潮,推动各项政策落到实处"。目前,证券公司、商业银行、信托公司以及保险公司等四大金融行业的股权管理规定或暂行办法均已经发布(见表9-6)。

表9-6　　　　　　　　　　四大金融行业股权管理办法

2022年1月	银保监会发布《银行保险机构关联交易管理办法》(银保监会2022年第1号令)
2021年11月	银保监会发布《2021年银行保险机构公司治理监管评估结果总体情况》
2021年9月	银保监会发布《银行保险机构大股东行为监管办法(试行)》(银保监发〔2021〕43号)
2021年6月	银保监会发布《保险公司董事、监事和高级管理人员任职资格管理规定》(2021年第6号令)、《关于加强保险公司省级分公司以下分支机构负责人管理的通知》(银保监办发〔2021〕74号)
2021年5月	银保监会发布《银行保险机构董事监事履职评价办法(试行)》(2021年第5号令)
2021年3月	证监会发布《关于修改〈证券公司股权管理规定〉的决定》(证监会第183号令)
2020年6月	证监会发布《关于修改〈证券公司股权管理规定〉的决定》和《关于修改〈关于实施证券公司股权管理规定有关问题的规定〉的决定》(证监会第156号令)
2020年1月	银保监会发布《信托公司股权管理暂行办法》(2020年第4号令)
2019年7月	银保监会发布《商业银行股权托管办法》(2019年2号令)
2019年7月	证监会发布《证券公司股权管理规定》(证监会第156号令)
2018年3月	保监会发布《保险公司股权管理办法》(保监会2018年第5号令)
2018年2月	银监会发布《中国银监会办公厅关于做好〈商业银行股权管理暂行办法〉实施相关工作的通知》和《中国银监会办公厅关于规范商业银行股东报告事项的通知》(银监办发〔2018〕49号)
2018年1月	银监会发布《商业银行股权管理暂行办法》(银监会2018年第1号令)

(一)股权治理相关政策

从2020年7月首次披露算起,银保监会已经五次披露重大违法违规股东名单,累计已披露了124家重大违法违规股东名单,累计涉及50家金融机构,具体包括7家城商行、26家农村金融机构、6家金融租赁公司、4家信托公司、4家保险公司、2家汽车金融公司以及1家财务公司,其中,4家信托公司分别为四川信托、华信信托、国民信托与民生信托。可以看出,整治金融机构股权治理与关联交易乱象已经是比较明显的政策导向,并将在以后成为常态化监管要点。

从目前披露的重大违法违规股东行为来看,违法违规行为相对比较集中。主要包括以下14个方面:

①违规开展关联交易或牟取不当利益。②关联持股超过监管比例限制以及单一股东持股超过监管比例限制。③入股资金来源不符合监管规定。④股东或实控人存在涉黑涉恶等违法犯罪行为。⑤编制或提供虚假材料。⑥股东及其关联方违规挪用、占用资金。⑦拒不按照监管意见进行整改,不配合监管部门开展风险处置。⑧违规将所持股权进行质押融资。⑨以不正当手段获得行政许可。⑩隐瞒关联关系。⑪存在严重逃废债行为。⑫违规转让股权和违规代持股权。⑬利用平台虚构业务进行融资等。⑭违规安排未经任职资格核准的人员实际履行董事、高管职责。

(二)关联交易相关政策

近年来,关联交易引发风险暴露的情况不断显现,通过隐匿关联关系、设计复杂交易结构、利用子公司违规提供资金等方式规避监管、套取利益等现象时有发生,甚至引发重大风险。为此,2022年1月,银保监会在《商业银行与内部人和股东关联交易管理办法》的基础上,发布《银行保险机构关联交易管理办法》(银保监会2022年第1号令),以加强关联交易监管,防范利益输送风险。

当前比较明显的导向是,政策文件对金融机构的约束不再局限于具体的量化监管指标,一些定性的禁止性规定也越来越重要。例如,《银行保险机构关联交易管理办法(征求意见稿)》以及其他文件通过"不得""禁止""应当"等词汇表达政策层面的背后含义。具体汇总如表9-7所示。

表9-7　　　　　各金融机构有关关联交易的禁止性事项规定

	整体规定
银行保险机构	1. 不得通过交易进行不当利益输送或监管套利,应当采取有效措施,防止关联方利用其特殊地位,通过关联交易侵害银行保险机构利益。 2. 不得通过掩盖关联关系、拆分交易等各种隐蔽方式规避重大关联交易审批或监管要求。 3. 不得利用各种嵌套交易拉长融资链条、模糊业务实质,规避监管规定,为股东及其关联方违规融资、腾挪资产、空转套利、隐匿风险等。 4. 公司治理监管评估结果为E的银行保险机构,不得开展信贷类或投资类关联交易,经银保监会认可的情形除外。 5. 关联方不得通过隐瞒关联关系等不当手段规避关联交易的内部审查、外部监管以及报告披露义务。 6. 不得聘用关联方控制的会计师事务所为其审计。 7. 应当按照实质重于形式和穿透的原则认定关联方。 8. 持有银行保险机构5%以上股权的股东质押股权数量超过其持有该银行保险机构股权总量50%的,银保监会或其派出机构可以限制其与银行保险机构开展关联交易。

续表

	各类别机构特别规定
银行机构	1. 不得直接通过或借道同业、理财、表外等业务，突破比例限制或违反规定向股东及其关联方提供资金。 2. 不得接受本行的股权作为质押提供授信（不得直接或间接接受本银行股票为担保物）。 3. 不得为关联方的融资行为提供担保（含等同于担保的或有事项），但关联方以银行存单、国债提供足额反担保的除外。 4. 向关联方提供授信不得优于其他客户同类授信的条件。 5. 向关联方提供授信发生损失的，自发现损失之日起两年内不得再向该关联方提供授信，但为减少该授信的损失，经银行机构董事会批准的除外。
保险机构	1. 不得借道不动产项目、非保险子公司、信托计划、资管产品投资或其他通道、嵌套方式等变相突破监管。 2. 保险公司股东质押股权时，不得与质权人约定债务人不履行到期债务时被质押的保险公司股权归债权人所有，不得约定由质权人或者其关联方行使表决权等股东权利，也不得采取股权收益权转让等其他方式转移保险公司股权的控制权。
金融资管公司	1. 不得与关联方开展无担保的以资金为基础的关联交易，同业拆借、股东流动性支持以及金融监管机构另有规定的除外。非金融子公司负债依存度不得超过70%。 2. 金融资产管理公司及其子公司将自身形成的不良资产在集团内部转让的，应当由集团母公司董事会审批，金融子公司按规定批量转让的除外。
金融租赁公司	与关联方开展以资产、资金为基础的关联交易发生损失的，自发现损失之日起两年内不得与该关联方新增以资产、资金为基础的关联交易，但为减少损失，经金融租赁公司董事会批准的除外。
信托公司	1. 开展固有业务，不得向关联方融出资金或转移财产，不得为关联方提供担保。 2. 不得以信托资金与关联方进行不当交易、利益输送、内幕交易和操纵市场，包括但不限于投资于关联方虚假项目、与关联方共同收购上市公司、向本机构注资等。 3. 开展结构化信托业务，不得以利益相关人作为劣后受益人，利益相关人包括但不限于信托公司及其全体员工、信托公司股东等。 4. 管理集合资金信托计划，不得将信托资金直接或间接运用于信托公司的股东及其关联人，但信托资金全部来源于股东或其关联方的除外。

二、政策导向

2021年6月2日，银保监会发布的《银行保险机构公司治理准则》（银保监发〔2021〕14号）呈现了政策部门对公司治理的相关要求，除大部分内容遵循了公司法的要求外，政策部门也有一些自己的特殊要求。

根据14号文的意见，良好的公司治理包括但不限于以下内容：①清晰的股权结构；②健全的组织架构；③明确的职责边界；④科学的发展战略；⑤高标准的职业道德准则；⑥有效的风险管理与内部控制；⑦健全的信息披露机制；⑧合理的激励约束机制；⑨良好的利益相关者保护机制；⑩较强的社会责任意识。

三、改善措施

(一)明晰股权结构,健全组织架构

大股东应当逐层说明其股权结构直至实控人、最终受益人,以及与其他股东的关联关系或一致行动关系,严禁隐藏实控人、隐瞒关联关系、股权代持、私下协议等违法违规行为。信托公司的控制类股东及实际控制人应没有"关联企业众多、股权关系复杂且不透明、关联交易频繁且异常"等情形。实际控制人不得滥用控制权,损害信托公司、股东、债权人以及其他利益相关人的合法权益。保证董事会运行的有效性,对监事会和管理层运作做出规范。信托公司应该向股东、投资者和其他利益相关方提供及时、准确的信息。包括财务报告、业绩数据、风险披露、公司治理政策和实践等方面的信息。透明度有助于建立信任,提高公司治理的可信度。实际控制人不得滥用控制权,损害信托公司、股东、债权人以及其他利益相关人的合法权益。保证董事会运行的有效性,对监事会和管理层运作做出规范。确保独立董事或监事在公司决策中发挥重要作用。独立董事或监事应具备专业的知识和经验,能够提供独立的监督和建议。应该建立适当的内部控制制度,确保公司运营符合法规和规范,并减少潜在的风险。包括设立合适的风险管理、合规的内部审计机构,以及确保财务报告的准确性和可靠性。应该建立完善的风险管理框架,包括风险评估、风险监测和风险应对措施。同时,信托公司应该积极遵守相关法规和道德准则,确保合规运营,并建立有效的内部和外部合规审查机制。

(二)设立关联交易控制委员会

严禁大股东与信托机构开展不当关联交易,鼓励大股东减少关联交易的数量和规模。借鉴银行保险机构经验,应当制定关联交易管理制度、设立关联交易控制委员会。关联交易控制委员会应当由三名以上董事组成,且由独立董事担任负责人,重大关联交易应经关联交易控制委员会会议讨论。一般关联交易报关联交易控制委员会备案,重大关联交易由关联交易控制委员会审查后提交董事会批准且需经参会的非关联董事2/3以上通过(非关联董事人数不足3人的,应当提交股东会审议),并在签署交易协议后15个工作日内向银保监会或其派出机构报告。关联交易控制委员会可以监督和审查信托公司与其关联方之间的交易。通过审查和报告关联交易的细节和条件,可以提高透明度,确保关联交易符合公平性和公正性原则,避免潜在的利益冲突和资金流失,减少潜在的不当利益输送和操纵行为。同时可以对关联交易的风险进行评估,并提出相应的风险管理措施和建议,通过加强风险管理,信托公司可以更好地管理与关联方交易相关的经营风险和声誉风险。

(三)健全信息披露机制

监管机构可以派员列席股东大会、董事会、监事会等会议,相关会议应当至少提前三个工作日通知监管机构,同时将股东大会、董事会和监事会的会议记录和决议等文件及时报送监管机构,并对重大事项合理对外披露。健全的信息披露机制使信托公司能够及时向投资者、股东和其他利益相关方披露相关信息。投资者可以基于披露的信息,对公司的财务状况、业绩、风险和治理进行分析和判断,从而做出合理投资决策,信息披露机制帮助提升投资者保护水平,减少信息不对称带来的不确定性和投资风险。信息披露的要求迫使公司提高内部控制和合规性,从而减少违规行为和不当行为的发生。这有助于支持公司长期稳定发展。

第十章 非财务信息披露情况分析

第一节　影响公司发展的有利因素分析

信托行业的特殊性要求在年报中披露影响公司发展的有利因素和不利因素。根据调查数据，2022年被调查信托公司普遍认为影响自身发展的前5个有利因素是：①经济平稳发展，宏观经济环境好；②转型发展持续推动；③监管体系和行业发展配套机制不断完善；④居民理财需求旺盛；⑤经济结构不断优化，新兴动能加快成长，质量效益明显提高。相对而言，2021年被调查信托公司普遍认为影响自身发展的前5个有利因素是：①经济平稳发展，宏观经济环境好；②监管体系和行业发展配套机制不断完善；③转型发展持续推进；④经济结构不断优化，新兴动能加快成长，质量效益明显提高；⑤消费需求对经济增长的拉动作用保持强劲。2020年被调查信托公司普遍认为影响自身发展的前5个有利因素是：①监管体系和行业发展配套机制不断完善；②经济平稳发展，宏观经济环境好；③经济结构不断优化，新兴动能加快成长，质量效益明显提高；④转型发展持续推进；⑤消费需求对经济增长的拉动作用保持强劲。2019年被调查信托公司普遍认为影响自身发展的前5个有利因素是：①监管体系和行业发展配套机制不断完善；②经济平稳发展，宏观经济环境好；③经济结构不断优化，新兴动能加快成长，质量效益明显提高；④为实体行业及新兴行业的发展提供更广阔的业务拓展空间；⑤转型发展持续推进。

综上可以发现，以往年度影响信托公司发展的有利因素基本没有发生重大变化，宏观环境、行业环境和监管环境基本上是大家认同的主要影响因素。与往年相比，"居民理财需求旺盛"成为被调查信托公司普遍认为影响自身发展的前5个有利因素之一。市场在俄乌冲突、美联储加息的影响下经历着各种巨变，处于转型发展阶段的信托业也经受着考验，在此逆境中，信托业新产品层出不穷，不断满足居民多元化投资需求，从而有效促进行业健康、可持续发展。以下具体分析2022年信托业发展的有利因素。

一、经济平稳发展,宏观经济环境好

2022年全球新冠疫情接近尾声,尽管如此,复杂严峻和不确定的国际环境没有改变,国内发展面临需求收缩、供给冲击、预期转弱三重压力。但宽松流动性和积极财政政策有力有效推动生产生活秩序恢复,工业服务业继续回升,投资消费不断改善,国民经济持续稳定恢复。

2022年,我国国内生产总值1210207亿元,比上年增长3.0%。其中,第一产业增加值88345亿元,比上年增长4.1%;第二产业增加值483164亿元,增长3.8%;第三产业增加值638698亿元,增长2.3%。第一产业增加值占国内生产总值比重为7.3%,第二产业增加值比重为39.9%,第三产业增加值比重为52.8%。全年最终消费支出拉动国内生产总值增长1.0个百分点,资本形成总额拉动国内生产总值增长1.5个百分点,货物和服务净出口拉动国内生产总值增长0.5个百分点。全年人均国内生产总值85698元,比上年增长3.0%。国民总收入1197215亿元,比上年增长2.8%。全员劳动生产率为152977元/人,比上年提高4.2%。从2022年国内生产总值的季度走势来看,面对复杂严峻的国内外形势和多重超预期因素冲击,国民经济顶住压力持续恢复,第三季度经济恢复向好,明显好于第二季度,生产需求持续改善,就业物价总体稳定,民生保障有力有效,总体运行在合理区间。相关数据显示,2022年第一、第二、第三、第四季度国内生产总值同比增速分别为4.8%、0.4%、3.9%、2.9%,从环比看,第四季度国内生产总值与第三季度持平。

生活方面,2022年CPI单月涨幅始终运行在3%以下,比上年上涨2%,大幅低于美国8%左右、欧元区8%以上、英国9%左右等发达经济体的涨幅,也明显低于印度、巴西、南非等新兴经济体7%至10%(1月至11月)的涨幅,物价保持平稳运行,对稳住经济基本盘至关重要。向外看,受俄乌冲突等因素影响,国际能源、粮食价格大幅上涨,全球通胀压力上升,输入性通胀压力加大;向内看,3月以来,国内疫情反弹,给保供稳价带来一定压力。

在保供稳价措施持续显效叠加国际大宗商品价格回落的因素影响下,2022年全年,全国工业生产者出厂价格指数(PPI)比上年上涨4.1%,低于2021年全年8.1%的涨幅。其中,受石油及相关行业价格下降影响,2022年12月PPI环比由11月上涨0.1%转为下降0.5%;受2021年同期对比基数走低影响,PPI同比下降0.7%,降幅比11月收窄0.6

个百分点。2022年年初以来,针对大宗商品价格明显上涨,国家有关部门及时采取供需双向调节、期现货市场联动监管等措施,遏制价格不合理上涨,推动PPI涨幅有序回落。得益于一系列保供稳价措施持续显效,大宗商品价格总体回落。2022年12月,黑色金属冶炼及压延加工业价格同比下降14.7%,有色金属冶炼及压延加工业下降3.6%,煤炭开采和洗选业下降2.7%。

收入、消费方面,2022年全国居民人均可支配收入36883元,比上年增长5.0%,扣除价格因素,实际增长2.9%。按常住地分,城镇居民人均可支配收入49283元,同比名义增长3.9%,扣除价格因素,实际增长1.9%。农村居民人均可支配收入20133元,同比名义增长6.3%,扣除价格因素,实际增长4.2%。城乡居民人均可支配收入比值为2.45,比上年缩小0.05。

2022年全国居民人均消费支出24538元,比上年增长1.8%,扣除价格因素,实际下降0.2%。其中,人均服务性消费支出10590元,比上年下降0.5%,占居民人均消费支出的比重为43.2%。按常住地分,城镇居民人均消费支出30391元,增长0.3%,扣除价格因素,实际下降1.7%;农村居民人均消费支出16632元,增长4.5%,扣除价格因素,实际增长2.5%。全国居民恩格尔系数为30.5%,其中城镇为29.5%,农村为33.0%。

工业方面,2022年全部工业增加值401644亿元,比上年增长3.4%。规模以上工业增加值增长3.6%。在规模以上工业中,分经济类型看,国有控股企业增加值增长3.3%;股份制企业增长4.8%,外商及港澳台商投资企业下降1.0%;私营企业增长2.9%。分门类看,采矿业增长7.3%,制造业增长3.0%,电力、热力、燃气及水的生产和供应业增长5.0%。分季度看,全国规模以上工业增加值第一季度同比增长6.5%,前二季度同比增长3.4%,前三季度同比增长3.9%,前三季度两年平均增长7.8%。2022年在新冠疫情、美元加息和俄乌冲突三大利空因素共振影响下,叠加内部需求收缩、供给冲击、预期转弱"三重压力",中国通过落实稳增长一揽子政策给予税收优惠、加大财政支持,支撑企业生产稳步恢复,促进工业经济平稳运行,全国规模以上工业增加值同比增速在第一季度稳中有升,之后呈现平稳增长的趋势。

2022年制造业增加值同比增长3%,2022年1—12月,制造业投资同比增长9.1%,增速比全部固定资产投资高4.0个百分点。其中,电气机械和器材制造业投资增长42.6%,酒、饮料和精制茶制造业投资增长27.2%,纺织服装、服饰业投资增长25.3%,化学纤维制造业投资增长21.4%。2022年高技术制造业投资快速增长,同比增长22.2%,

增速与上年持平。其中,医疗仪器设备及仪器仪表制造业投资增长27.6%,电子及通信设备制造业投资增长27.2%,计算机及办公设备制造业投资增长12.8%。

对外贸易方面,2022年我国外贸进出口增长7.7%,总值突破40万亿元,其中,出口23.97万亿元,增长10.5%;进口18.1万亿元,增长4.3%。2022年,我国外贸结构持续优化,一般贸易进出口26.81万亿元,比2021年增长11.5%。我国对东盟、欧盟、美国分别进出口6.52万亿元、5.65万亿元、5.05万亿元,分别增长15%、5.6%、3.7%。东盟继续为我国第一大贸易伙伴,占我国外贸总值的15.5%。同期,我国与"一带一路"沿线国家进出口合计13.83万亿元,比2021年增长19.4%。我国与RCEP其他14个成员国合计进出口12.95万亿元,比2021年增长7.5%。

汇率方面,2022年,百年变局和世纪疫情交织叠加,全球经济发展面临巨大挑战,主要发达经济体激进收紧货币政策抗击通胀,美债和美元走势凌厉,尽管新兴市场遭受严峻的外溢性冲击,但人民币汇率表现出较强韧性。2022年,人民币对美元汇率总体呈现宽幅震荡态势,较一篮子货币保持基本稳定。从2022年年初至4月中旬,美联储于3月议息会议开启本轮加息周期,我国进出口顺差保持较高水平,客盘结汇持续释放,支撑人民币围绕6.3至6.4的区间窄幅震荡。从4月中旬至5月中旬,受疫情多点散发影响,国内工业生产及物流运输活动放缓,经济复苏动能减弱。而美联储延续鹰派政策,货币政策收紧预期推升美债收益率,1年和10年期中美国债收益率均出现倒挂,利差分别从年初的187bps和113bps下降到5月13日的-3bps和-12bps,人民币汇率从6.4附近震荡贬值至6.8。从5月中旬至8月中旬,美联储6月超预期加息75bps,为20世纪80年代以来最大加息幅度,并同时启动缩表,带动美元指数震荡攀升至近110高位。同期,伴随国内疫情形势好转,上海等地有序复商复市,多部门出台稳增长措施,经济预期逐步向好。在美元指数持续走强情况下,人民币汇率表现出较强韧性,整体在6.6至6.8区间内震荡。从8月中旬至11月初,美联储快速加息缩表以应对高通胀,叠加欧元、日元、英镑等主要非美货币持续疲弱,美元指数一度升破114,创近20年新高,各期限美债收益率攀升,中美利差倒挂程度不断走阔,人民币汇率在震荡中跌破7关口。从11月初至年末,国家卫健委相继发布进一步优化疫情防控工作的"二十条"及"新十条"措施,各地经济社会活动加快回归正轨,市场信心得到极大提振,人民币汇率震荡走升,重回7整数位下方。

总的来说,2022年全年,面对严峻复杂的国际形势、艰巨繁重的国内改革发展稳定任务特别是新冠疫情的持续冲击,我国坚持高质量发展方向不动摇,统筹疫情防控和经济社会发展,经济运行逐季改善、逐步恢复常态,为信托业的转型发展奠定了坚实的经济基础。

经济决定金融,实体经济发展水平和质量从根本上决定金融发展水平和质量。2022年,信托业进一步强化了支持实体经济发展规律的认识,并以多种方式推动资金流入实体经济部门,信托投向结构不断改善。

截至2022年第四季度末,全行业资金信托规模为21.14万亿元,资金投向持续优化调整,在服务实体经济高质量发展上取得新成效。从资金信托在五大领域占比来看,2022年,行业信托资金加速投向证券市场,资金信托投向占比排序分别是证券投资(28.99%)、工商企业(26.00%)、金融机构(13.39%)、基础产业(10.60%)、房地产(8.14%)。投向工商企业、基础产业、房地产领域的规模和占比进一步下滑,投向证券市场、金融机构的规模和占比持续提升。2022年资金信托投向工商企业的资金信托余额为3.91万亿元,同比下降0.25万亿元,占比为26.00%,同比下降1.73个百分点。投向基础产业的资金信托余额为1.59万亿元,同比下降0.09万亿元,占比为10.60%,同比下降0.64个百分点。投向房地产的资金信托余额为1.22万亿元,同比下降30.52%,占比为8.14%,同比下降3.60个百分点。投向证券市场的资金信托余额为4.36万亿元,同比增长1万亿元,同比增幅29.84%;证券市场信托资金的占比在2022年年末升至峰值,为28.99%,同比上升6.62个百分点。投向金融机构的资金信托余额为2.01万亿元,同比增长7.79%,占比为13.39%,同比增加0.95个百分点。2022年证券投资类信托正加速成为信托公司主要展业方向,规模占比已经升至28.99%,位列各分项第1,信托业务结构改变更为明显。

二、转型发展持续推动

2022年作为资管新规正式实施的元年,信托业在稳固转型成果的基础上加快改革步伐,融资类及通道类业务持续压降,资产投向不断优化。截至2022年第四季度末,信托资产规模为21.14万亿元,同比增长5893.44亿元,增幅为2.87%;环比增长649.67亿元,增幅为0.31%。相较于2017年第四季度的历史峰值,2022年第四季度信托资产规模下降19.46%。2021年,61家信托公司管理的信托资产规模整体略有增长,但其内部结构发生重要变化,反映业务转型的持续深入。这主要体现在主动管理信托中的融资类信托加速下降,投资类信托持续上升,事务管理类信托持续压降。

主动管理信托方面,2022年底,融资类信托规模为3.08万亿元,同比下降14.10%,占比为14.55%,同比下降了2.87个百分点。2022年融资类信托规模下降已成为行业的普遍现象,53家信托公司融资类信托规模下降,融资类信托已不再是主动管理信托的主导产品。与此同时,2022年年底,投资类信托规模达到9.28万亿元,同比增长9.20%,占比达到43.92%,同比增长了2.55个百分点。2022年共有15家信托公司的证券投资类实收信托金额实现增长,行业平均增长16%,5家信托公司的股权投资类实收信托金额实现增长,行业平均增长23%。

事务管理类信托规模为8.78万亿元,同比增长3.68%,占比为41.53%,同比上升了0.33个百分点。同时其内部结构也发生了重大变化,相较于2017年第四季度峰值,事务管理类信托降幅达到43.90%,通道类业务压降成果较为显著。

2022年,我国共发行资产证券化产品1717单,发行总规模为19905亿元,同比分别下降21.20%和36.26%,年末市场存量为5.24万亿元。家族信托的发展规模也有所增长,中信登相关数据显示,截至2022年9月,家族信托存续规模约4700亿元,较2021年末增长约34%,存续家族信托约2.4万个,截至2022年12月初,建信信托(1000亿元以上)、外贸信托(近650亿元)、中信信托(610亿元以上)、中航信托(400亿元以上)、平安信托(400亿元以上)规模居前列,其他规模超百亿元的信托公司包括五矿信托(290亿元以上)、浙金信托(260亿元以上)、上海信托(250亿元以上)、山东信托(近250亿元)、华宝信托(230亿元以上)、华润信托(210亿元以上)、光大信托(200亿元以上)、长安国信(200亿元以上)、中融信托(200亿元以上)、华能信托(130亿元以上)、交银信托(120亿元以上)、国投泰康信托(100亿元以上)等17家信托公司,家族信托业务总规模达5500亿元,较2021年3495亿元增长57.37%,家族信托业务的分布较为集中,规模排名靠前的公司总规模在行业总数中占比较高,受金融市场的不确定性增大等因素影响,高净值客户的避险情绪有所增强,家族信托作为财富传承和避险的方式,迎来了新一轮增长趋势。

三、监管体系和行业发展配套机制不断完善

2022年信托行业严监管态势持续,信托监管工作的总基调是坚持稳字当头,稳妥防范化解处置风险,守住不发生系统性风险的底线。无论是从信托资产规模的压降来看,

还是从金融子公司和异地机构的清理来看,信托行业整体的合规程度更上一层楼。信托行业自 2018 年资管新规颁布后进入调整期,资产规模、营收指标在 2021 年止跌企稳,但受疫情反扑、宏观经济下行、资本市场波动等复杂外部环境影响,2022 年上半年,信托公司经营业绩整体下滑,营业收入和净利润平均数均为负增长,只有净资产实现了小幅正增长。同时,信托公司经营业绩的分化局面仍在持续,表现为营业收入、净利润、净资产的中位数均明显低于平均数。根据中国信托业协会的统计数据,截至 2022 年第一季度,信托公司经营收入同比下降近三成。此外,信托资产规模也承受了一定的下降压力,但从信托资产来源、信托资产功能、资金信托投向、资金运用方式等方面来看,信托资产的结构处在持续优化调整的过程中。整体来看,信托行业主要指标受外部经济环境和监管政策影响较大,目前仍处于深度调整期。

回顾 2022 年信托行业的相关监管会议及监管文件(见表 10 – 1),基本延续了 2018 年以来资管新规的要求,对信托行业的业务监管、风险防范以及公司治理的合规工作抓在实处。从众多的监管会议和监管文件来看,2022 年监管环境较 2021 年有继续收紧的趋势,信托行业的监管主要集中在三个方向:一是"两项业务"的压降;二是风险防范;三是公司治理。

表 10 – 1 2022 年部分出台文件

发布时间	发布单位	文件名称
2022 年 1 月	银保监会	《银行保险机构关联交易管理办法》
2022 年 2 月	证监会	《境内外证券交易所互联互通存托凭证业务监管规定》
2022 年 2 月	银保监会、住建部	《关于银行保险机构支持保障性租赁住房发展的指导意见》
2022 年 3 月	中国人民银行、银保监会	《关于加强新市民金融服务工作的通知》
2022 年 4 月	银保监会	《关于调整信托业务分类有关事项的通知(征求意见稿)》
2022 年 4 月	证监会	《关于完善上市公司退市后监管工作的指导意见》
2022 年 5 月	证监会	《证券公司科创板股票做市交易业务试点规定》
2022 年 10 月	银保监会	《关于调整信托业务分类有关事项的通知》
2022 年 10 月	银保监会	《关于开展调整信托业务分类试填报工作的通知》
2022 年 11 月	证监会	《个人养老金投资公开募集证券投资基金业务管理暂行规定》

2022 年 2 月,证监会对《关于上海证券交易所与伦敦证券交易所互联互通存托凭证业务的监管规定(试行)》(证监会公告〔2018〕30 号)进行修订,修订后名称定为《境内外证券交易所互联互通存托凭证业务监管规定》,此次修订旨在拓展优化境内外资本市场互联互通机制,是推进制度型开放的务实举措,有利于拓宽双向融资渠道,支持企业依法

依规用好国内国际"两个市场、两种资源"融资发展,提高中国资本市场服务实体经济的能力和国际竞争力,为境内外投资者提供更为丰富的投资品种。

2022年2月,中国银保监会与住房城乡建设部发布《关于银行保险机构支持保障性租赁住房发展的指导意见》,这项支持性政策文件提出,支持信托公司等发挥自身优势依法合规参与保障性租赁住房建设运营。

2022年3月,中国银保监会、中国人民银行联合印发《关于加强新市民金融服务工作的通知》,引导信托公司发挥自身优势,依法合规支持保障性住房建设运营。

2022年4月,银保监会发布《关于调整信托业务分类有关事项的通知(征求意见稿)》,首次明确"信托公司应当以信托目的、信托成立方式、信托财产管理内容作为分类维度",将信托业务划分为资产管理信托、资产服务信托和公益/慈善信托三大类别。

2022年10月,银保监会向各信托公司内部发文《关于调整信托业务分类有关事项的通知》及《关于开展调整信托业务分类试填报工作的通知》,信托公司根据要求和内容启动了试分类填报工作。

总体来看,2022年对信托行业的监管仍处于比较严格的状态,"资管新规"发布以来,信托业面临"两压一降"严监管的双重压力,行业转型亟待取得实质性进展。未来随着对信托行业监管框架的不断完善,监管对信托行业转型发展的引导作用将越来越重,要强化监管导向,鼓励信托公司开展本源业务,引导信托公司完善公司治理,真正实现信托业转型发展。不断完善行业发展的配套机制,通过对信托行业发展环境的优化,进一步提高行业发展质量,增加行业发展潜力,为信托公司发展提供有效的法律保障和制度保障。

四、居民理财需求旺盛

2022年全年社会消费品零售总额439733亿元,比上年下降0.2%。按经营地统计,城镇消费品零售额380448亿元,下降0.3%;乡村消费品零售额59285亿元,与上年基本持平。按消费类型统计,商品零售额395792亿元,增长0.5%;餐饮收入额43941亿元,下降6.3%。2022年全年最终消费支出拉动国内生产总值增长1.0个百分点,资本形成总额拉动国内生产总值增长1.5个百分点,货物和服务净出口拉动国内生产总值增长0.5个百分点,是稳定经济增长的主要引擎,为加快构建新发展格局和实现全体人民共同富裕提供了有力支撑。

2022年4月25日,国务院办公厅发布的《关于进一步释放消费潜力促进消费持续恢复的意见》对于高质量消费进行了更深层次的关注,旨在积极推进实物消费提质升级,并且要"加强农业和制造业商品质量、品牌和标准建设,推动品种培优、品质提升、品牌打造和标准化生产"的要求。这实际上也是中国过去十年来制造业发展的一个整体方向。从消费金融发展的外部环境看,消费金融行业目前处于发展的旺盛时期,随着居民收入提高、消费需求升级,消费金融行业成为金融领域的又一风口。除了介入较早的外贸信托、中航信托,其他信托公司也在争相发力消费金融业务,谋求转型发展,消费金融业务属于目前竞争角逐比较激烈的业务领域。

五、经济结构不断优化,新兴动能加快成长,质量效益明显提高

2022年供给侧结构性改革继续向振兴实体经济发力、聚力,产业结构、需求结构、城乡区域结构等不断优化。新产业蓬勃发展,经济结构不断优化,新兴动能加快成长,质量效益明显提高。同时,2022年信托业转型发展日见成效,信托业服务实体经济发展的趋势明显增强。

疫情期间新产业、新业态、新模式不断涌现,诸如远程办公、视频会议、在线教育、无人配送等新模式迅速普及,云计算、大数据、人工智能等新技术快速发展,数字经济、智能制造、生命健康等新产业发展壮大。

数据显示,2022年全年全国规模以上工业增加值比上年增长3.6%。分门类看,采矿业增加值增长7.3%,制造业增长3.0%,电力、热力、燃气及水的生产和供应业增长5.0%。高技术制造业、装备制造业增加值分别增长7.4%、5.6%,增速分别比规模以上工业快3.8个、2.0个百分点。分经济类型看,国有控股企业增加值增长3.3%,股份制企业增长4.8%,外商及港澳台商投资企业下降1.0%,私营企业增长2.9%。分产品看,新能源汽车、移动通信基站设备、工业控制计算机及系统产量分别增长97.5%、16.3%、15.0%。12月,规模以上工业增加值同比增长1.3%,环比增长0.06%。

同时,新经济、数字经济发展值得关注。医疗仪器设备及仪器仪表制造业投资增长27.6%,电子及通信设备制造业投资增长27.2%,计算机及办公设备制造业投资增长12.8%;高技术服务业中,科技成果转化服务业、研发设计服务业投资分别增长26.4%、19.8%。

生产方面,2022年,我国规模以上电子信息制造业增加值同比增长7.6%,分别超出工业、高技术制造业4个和0.2个百分点。其中,由于市场饱和、创新不足、性能过剩等原因，手机、电脑、集成电路等电子产品表现不佳。手机产量15.6亿台，同比下降6.2%，其中智能手机产量11.7亿台，同比下降8%；微型计算机设备产量4.34亿台，同比下降8.3%；集成电路产量3242亿块，同比下降11.6%。新产业、新业态、新商业模式蓬勃发展，新动能保持高速增长。2022年，规模以上高技术制造业增加值比上年增长7.4%，高技术产业投资增长18.9%；新能源汽车、太阳能电池、工业机器人等产品产量分别增长90.5%、46.8%、21%。

以新技术为引领的相关服务业营业收入保持增长，2022年全年规模以上服务业企业营业收入比上年增长2.7%，利润总额增长8.5%；全年实物商品网上零售额13.79万亿元，同比增长4%。其中，实物商品网上零售额11.96万亿元，同比增长6.2%，占社会消费品零售总额的比重为27.2%。

需求结构进一步优化，内需对经济增长的贡献占主导。2021年内需对经济增长贡献率达82.9%，比上年提高4.8个百分点，但是最终消费支出贡献率为32.8%，比2021年下降32.6个百分点，说明消费受疫情的影响很大，对经济增长贡献率偏离正常水平。2021年，全国居民恩格尔系数为30.5%，其中城镇为29.5%，农村为33.0%；全年全国居民人均消费支出24538元，比上年增长1.8%，扣除价格因素，实际下降0.2%。

伴随着供给侧结构性改革的持续深入，我国经济结构不断优化，新兴动能持续增长，信托行业的质量效益也得到了明显提高。信托行业采取有效措施，积极转型发展，用实际行动响应国家重大战略政策。其中，服务支持实体经济是金融供给侧结构性改革的核心要求，也是信托业转型的重要方向。

2022年信托业信托三分类转型初显成效，保障支撑能力有望进一步提升。一方面，信托资产规模总体回升，头部公司市场份额占比稳定。根据60家信托公司披露的年报数据，共34家信托公司信托资产规模同比增长，26家同比下降。从头部公司市场份额占比来看，2022年行业前十信托公司信托资产规模均高于6000亿元，平均增速达到3.25%，略低于行业均值。其中，位居前四的信托公司信托资产规模均超过1万亿元，行业前十中有3家公司实现同比增长，7家公司同比下降。从市场集中度来看，2022年行业前十信托公司信托资产规模所占市场份额为49.81%，同比微降0.39个百分点，但仍保持在五成左右。另一方面，营业收入和利润整体下滑，头部公司优于行业均值。根据60家信托公司披露的年报数据，2022年共43家信托公司营业收入同比下降，17家公司同比增长；共38家信托公司利润总额同比下降，22家公司同比增长；

共 38 家信托公司净利润同比下降,22 家公司同比增长。根据 60 家信托公司披露的年报数据,从营业收入来看,2022 年行业前十信托公司平均实现营业收入 36.73 亿元,同比下降 19.15%,优于行业均值 1.20 个百分点;从利润总额来看,2022 年行业前十信托公司中有 4 家实现同比增长,前十平均实现利润总额 24.68 亿元,同比下降 12.01%,优于行业均值 9.08 个百分点。

第二节 影响公司发展的不利因素分析

2022 年不利于信托公司发展的因素按照重要性排在前 5 位的为:①国外经济不确定因素增加,我国经济面临下行压力;②宏观经济波动性加大;③信托业转型压力日益加大;④行业风险不断显现和暴露;⑤全面从严监管升级。2021 年不利于信托公司发展的因素按照重要性排在前 5 位的为:①国外经济不确定因素增加,我国经济面临下行压力;②行业风险不断显现和暴露;③信托转型压力日益加大;④全面从严监管升级;⑤宏观经济波动性加大。2020 年不利于信托公司发展的因素按照重要性排在前 5 位的为:①国外经济不确定性因素增加,我国经济面临下行压力;②全面从严监管升级;③信托行业竞争日趋激烈;④信托业转型压力日益加大;⑤宏观经济波动性加大。2019 年不利于信托公司发展的因素按照重要性排在前 5 位的为:①全面从严监管升级;②国外经济不确定性因素增加,我国经济面临下行压力;③信托业转型压力日益加大;④信托行业竞争日趋激烈;⑤跨市场风险管理难度加大,部分金融产品交易复杂,风险管控能力需提升。2018 年影响信托公司发展的不利因素同 2019 年。2017 年被普遍认可的不利于信托公司发展的因素按照重要性排在前 5 位的为:①全面从严监管升级;②信托业转型压力日益加大;③资管新规对通道业务的禁止会使公司通道业务受限,业务管理规模有所下降;④行业发展增速持续放缓;⑤相关配套制度仍待进一步完善。2016 年不利于信托公司发展的因素按照重要性排在前 5 位的为:①宏观经济持续下行,利率下降,部分宏观调控政策增加了传统信托融资风险;②经济进入新常态,信托公司传统的行业投向利润收窄、风险增加;③市场不确定性增加,金融市场波动大,业务风险管理压力加大;④资产管理市场同质化竞争加剧,优质业务机会少,信托行业处于弱势地位;⑤信托传统业务难以支撑营收增长,新的增长点尚未形成,行业进入转型和创新的关键时期。

根据以往年度影响信托公司发展的不利因素分析来看,行业发展增速放缓、配套制度不完善及资管新规对行业业务影响的重要程度减小,不再存在于前五位,全面从严监管升级、国外经济不确定因素增加,我国经济面临下行压力、信托行业自身的转型压力、行业竞争以及跨市场风险管理难度加大成为主要因素。以下具体分析2022年信托业发展的不利因素。

一、国外经济不确定因素增加,我国经济面临下行压力

2022年,中国经济受到疫情明显冲击,2022年前三季度实现3%的增长,但距离全年5.5%的目标还有较大距离,国内需求端内需不足、供给端冲击强化以及对经济增长预期减弱的三重压力还在延续,扩大内需成为稳增长的头号任务。同时,经济全球化正面临经济政治博弈加剧和新冠疫情持续反复的双重冲击,国际政治、经济、金融、贸易、投资格局进入动荡变革期,世界经济复苏动力减弱。

表10-2　　　　　2019—2022年中央经济工作会议内容对比

	2022年中央经济工作会议（12月15日至16日）	2021年中央经济工作会议（12月8日至10日）	2020年中央经济工作会议（12月16日至18日）	2019年中央经济工作会议（12月10日至12日）
当年工作总结	胜利召开党的二十大；保持了经济社会大局稳定。成功举办北京冬奥会、冬残奥会。成绩殊为不易,值得倍加珍惜	2021年我国经济发展和疫情防控保持全球领先地位;构建新发展格局迈出新步伐,高质量发展取得新成效,实现了"十四五"良好开局	我国成为全球唯一实现经济正增长的主要经济体;"十三五"规划主要目标任务即将完成	"十三五"规划主要指标进度符合预期,全面建成小康社会取得新的重大进展
未来环境分析	需求收缩、供给冲击、预期转弱三重压力仍然较大,外部环境动荡不安,给我国经济带来的影响加深	我国经济发展面临需求收缩、供给冲击、未来预期转弱三重压力。世纪疫情冲击下,百年环境宏观变局加速演进,外部环境更趋复杂严峻和不确定	疫情变化和外部环境存在诸多不确定性,我国经济恢复基础尚不牢固;2021年世界经济形势仍然复杂严峻,复苏不稳定不平衡,疫情冲击导致的各类衍生风险不容忽视	我国正处在转变发展方式的关键时期。"三期叠加"影响持续深化,经济下行压力加大;当前世界经济增长持续放缓,世界大变局加速演变——全球动荡源和风险点显著增多
第二年工作目标	2023年要坚持稳字当头、稳中求进,继续实施积极的财政政策和稳健的货币政策,加大宏观政策调控力度,加强各类政策协调配合,形成共促高质量发展合力	继续做好"六稳""六保"工作,持续改善民生,着力稳定宏观经济大盘,保持2022年经济运行在合理区间,保持社会大局稳定,迎接党的二十大胜利召开。推动经济实现质的稳步提升和量的合理增长	扎实做好"六稳"工作、全面落实"六保"任务,科学精准实施宏观政策,努力保持经济运行在合理区间	紧扣全面建成小康社会目标任务,坚持稳中求进工作总基调……全面做好"六稳"工作;保持经济运行在合理区间,确保经济实现量的合理增长和质的稳步提升

如表 10-2 所示,国内外形势方面,2022 年经济会议提出当前我国经济恢复的基础尚不牢固,需求收缩、供给冲击、预期转弱三重压力仍然较大,外部环境动荡不安,给我国经济带来的影响加深,显示出短期国内经济依然承压。具体表现为三个方面:一是实体经济有效需求不足问题凸显。如 11 月社会消费品零售总额和房地产投资增速均大幅负增长,两者及相关产业占 GDP 的比重分别超五成和约三成,是经济增长承压的主因。二是居民和企业部门预期仍未改善。如根据央行调查数据,2022 年前三季度城镇居民消费、储蓄和投资意愿调查中,倾向于"更多储蓄"的居民占比达 58.1%,位于 2002 年以来的历史高位,同期更多消费和更多投资的占比有所回落。三是海外需求超预期放缓,导致出口需求下滑过快,也对工业生产和制造业投资形成制约。如欧元区和美国经济先行指标制造业 PMI 指数分别连续 6 个月和 2 个月低于 50% 的荣枯线,指向未来海外需求放缓压力或进一步加大,对国内出口的支撑减弱。

二、宏观经济波动性加大

当前,全球经济复苏仍然脆弱,风险倾向于下行。俄乌冲突及其对全球影响的不确定性是一个关键担忧因素,通货膨胀的持续存在是另一个关键风险。2018 年世界 GDP 增速由 2017 年的 3.2% 放缓至 3.0%,2019 年四个季度 GDP 增速分别为 3.1%、2.5%、2.5% 和 2.0%,全年平均 2.4%,连续第二年放缓。虽然根据联合国贸易和发展会议公布的数据,2021 年全球 GDP 增速增至 5.5%,相比此前大幅回升,但由于新冠病毒变异毒株造成新的威胁,再加上通胀、债务和收入不平等加剧可能危及新兴市场和发展中经济体的复苏,世界银行、IMF、联合国三大全球性机构在研报中都下调了 2022 年的全球经济增速,之后,经济合作与发展组织发布经济展望报告,预测全球经济增速将从 2022 年的 3.3% 放缓到 2023 年的 2.7%。

2022 年全球通胀形势不容乐观。按照国际货币基金组织的估算,2022 年世界平均消费物价指数增长 8.8%,与 2021 年 4.7% 的增长率相比,2022 年的全球通胀率有了大幅度提升,达到 21 世纪以来的最高全球通胀水平。在全球市场波动的 2022 年,受俄乌冲突和极端天气的影响,粮食价格也经历了一次"过山车"般的行情。在俄乌冲突爆发后不久,作为产粮大国的乌克兰的重要谷物和植物油运输陷入瘫痪,联合国的一项食品大宗商品价格指数在 2022 年 3 月飙升至创纪录水平。但随着黑海农作物出口协议和其他种植国的丰收缓冲了供应,粮食价格下滑,直到 2022 年年底才趋于稳定。世界主要经济体和各地区的通胀率均有明显提升。美国全年平均消费物价指数增长率约为8.1%,为40年来最高水平。欧元区全年平均消费物价指数增长率约为8.3%,为1992年《欧洲联盟条约》签署以来的最高水平。所有发达经济体的平均消费物价指数增长率约为7.2%,即使是发达经济体中物价最为稳定、一向处于通货紧缩边缘的日本,10月的消费物价指数也已经上升至3.7%。

全球金融市场大幅波动。利率上升和经济增速下行均会对金融市场造成负面影响。利率本身是资产价格的集中体现。长期以来,全球金融市场繁荣和金融资产价格高涨是建立在各主要发达经济体的零利率甚至负利率基础上的。2022年以来,全球负利率资产显著缩小,负利率和零利率环境逐渐向高利率方向转变,再加上经济下行预期甚至衰退预期,引发了全球金融市场大幅度波动。12月中旬,美国纳斯达克指数相比年初下跌了31.6%,标普500指数下跌了19.2%,道琼斯工业指数下跌了9.4%。2022年美国股指的跌幅与2020年疫情造成的跌幅相当,而这是在美国已经完全放开疫情控制的情况下出现的。美国股市市值相比年初已经减少15万亿美元,即使在疫情严重且经历了数次股市熔断的2020年,当年美股市值还增加了接近10万亿美元。同一时间段内,欧元区斯托克50指数下跌11.5%,日经225指数下跌4.4%,大多数发达经济体和新兴经济体出现了不同程度的下跌。全球金融市场财富大幅度缩水。

分析信托资金的投向可知,传统信托业务上,投向工商企业、基础产业、房地产领域的规模和占比进一步下滑。一是工商企业仍是资金信托的重要投向领域。截至2022年第四季度末,投向工商企业的资金信托余额为3.91万亿元,同比下降6.09%,环比下降1.14%。工商企业信托资金占比为26.00%,同比下降1.73个百分点,环比下降0.33个百分点。二是基础产业占比有序下降。截至2022年第四季度末,投向基础产业的资金信托余额为1.59万亿元,同比下降5.54%,环比下降2.07%;基础产业信托占比为10.60%,同比下降0.65个百分点,环比下降0.24个百分点。三是房地产信托资金同比降幅超30%。截至2022年第四季度末,投向房地产的资金信托余额为1.22万亿元,同比下降30.52%,环比下降4.44%;房地产信托占比为8.14%,同比下降3.60个百分点,环比下降0.39个百分点。

在"非标转标"这一趋势上,投向证券市场、金融机构的规模和占比持续提升。一是投向证券市场的信托资金快速增长。截至2022年第四季度末,投向证券市场的资金信托余额为4.36万亿元,同比增幅29.84%,环比增幅4.21%;证券市场信托资金的占比在

2022年第四季度末升至峰值,为28.99%,同比上升6.62个百分点,环比上升1.14个百分点。二是投向金融机构的信托资金稳步增长。截至2022年第四季度末,投向金融机构的资金信托余额为2.01万亿元,同比增长7.79%,环比增长0.61%;金融机构信托资金的占比为13.39%,同比增加0.95个百分点,环比增加0.07个百分点。

资金信托运用方式的变化亦反映了信托业务转型的趋势。一是与2021年第四季度同期对比,交易性金融资产投资占比实现了快速增长,同比增长20.43个百分点,反映信托投资功能的重要性正不断提升。二是运用方式为贷款的占比下降3.53个百分点,反映传统的非标融资业务被进一步压缩。三是可供出售及持有至到期投资同比下降11.25%,宏观经济发展受阻引发投资环境恶化,一定程度上导致信托资产信用减值损失加大。此外,长期股权投资的占比下降3.56个百分点;买入返售占比、存放同业占比、其他占比分别下降0.75个、0.87个、2.20个百分点。

具体如表10-3所示。

表10-3 2017—2022年信托业务结构变化一览表

项目		2017年	2018年	2019年	2020年	2021年	2022年
按来源分类							
单一资金信托	金额	12.00万亿元	9.84万亿元	8.01万亿元	6.13万亿元	4.42万亿元	4.02万亿元
	占比	45.73%	43.33%	37.10%	29.94%	21.49%	19.03%
集合资金信托	金额	9.91万亿元	9.11万亿元	9.92万亿元	10.17万亿元	10.59万亿元	11.01万亿元
	占比	37.74%	40.12%	45.93%	49.65%	51.53%	52.08%
管理财产信托	金额	4.34万亿元	3.76万亿元	3.67万亿元	4.18万亿元	5.54万亿元	6.11万亿元
	占比	16.53%	16.55%	16.98%	20.41%	26.98%	28.89%
按功能分类							
主动管理信托	金额	10.60万亿元	9.46万亿元	10.95万亿元	11.30万亿元	12.08万亿元	13.36万亿元
	占比	40.38%	41.64%	50.70%	55.17%	58.81%	59.19%
融资类	金额	4.43万亿元	4.35万亿元	5.83万亿元	4.86万亿元	3.58万亿元	3.08万亿元
	占比	16.87%	19.15%	26.99%	23.71%	17.43%	14.55%
投资类	金额	6.17万亿元	5.11万亿元	5.12万亿元	6.44万亿元	8.50万亿元	9.28万亿元
	占比	23.51%	22.49%	23.71%	31.46%	41.38%	43.92%
事务管理类	金额	15.65万亿元	13.25万亿元	10.65万亿元	9.19万亿元	8.47万亿元	8.78万亿元
	占比	59.62%	58.36%	49.30%	44.84%	41.20%	41.53%
按投向分类占比							
工商企业		27.84%	29.90%	30.60%	30.41%	27.73%	26.00%
金融机构		18.76%	15.99%	13.96%	12.17%	12.44%	13.39%

续表

项目	2017年	2018年	2019年	2020年	2021年	2022年
按投向分类占比						
基础产业	14.49%	14.59%	15.72%	15.13%	11.25%	10.60%
证券投资	14.15%	11.59%	10.92%	13.87%	22.37%	28.99%
房地产	10.42%	14.18%	15.07%	13.97%	11.74%	8.14%
其他	14.33%	13.74%	13.72%	14.45%	14.47%	12.88%

三、信托业转型压力日益加大

2019年起监管机构调控措施频出,强力引导信托业转型。2020年,信托资产总规模降至20.49万亿元,相较于2017年的历史峰值减少5.76万亿元,2021年,全行业信托资产规模为20.55万亿元,较上年末增加600亿元,增幅虽然不大,但却是信托业自2018年步入下行期以来的首年度止跌回升,2022年,全行业信托资产规模回升至21.14万亿元,同比增幅为2.87%,环比增幅为0.31%。

信托业务分类改革的落实贯穿整个2022年。新的信托分类不仅是对"资管新规"文件精神的落实,更是对信托业务转型方向和监管思路的再次确认,对信托公司业务开展新一轮转型具有重要的指导性意义。同时,"稳妥防范化解处置风险,守住不发生系统性风险的底线"仍是全年监管的重点。信托结构从资金来源看,整体呈现"一降两升"的趋势,即单一资金信托规模和占比大幅下降,集合资金信托规模和占比稳定提升,而管理财产信托规模和占比则大幅上升。图10-1为2013—2022年单一资金信托规模。

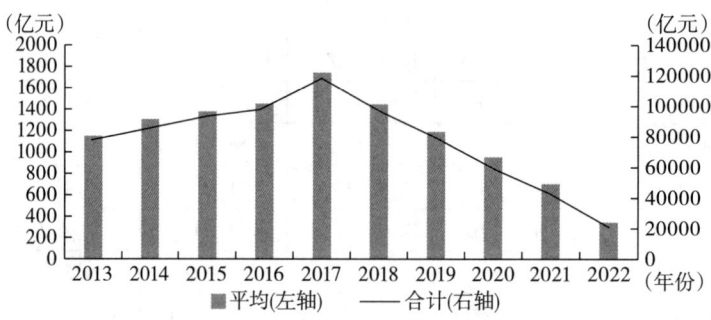

图10-1 2013—2022年单一资金信托规模

四、行业风险不断显现和暴露

由于经济环境变化、金融环境变化以及监管环境变化,信托传统主导业务模式呈现"需求递减、风险递增"的特征。随着监管机构对信托行业"脱渠道"要求进一步加强,中国信托行业正从融资通道类业务逐步向服务投资类业务转型,资产结构转型比较明显,但信托行业风险出清仍在路上,尤其是资产不良率还维持高位。另外在"房住不炒"的战略要求下,作为信托资金主要应用领域的房地产信托规模增长趋于停滞,且出现多起地产信托违约事件。

资产不良率趋势递增。信托业协会数据显示,2022 年末,全行业信托资产管理规模为 21.14 万亿元,同比增长 5893.44 亿元。但就目前 61 家信托公司在年报中已披露的自营资产质量情况,同口径下,这 61 家信托公司合计自营不良资产余额为 546.22 亿元,不良资产率减少增幅为 1.24%。

表 10-4　　　　　　2022 年自营资产不良率排名前 10 的信托公司

排名	公司	2022 年不良率(%)	2021 年不良率(%)	2020 年不良率(%)
1	民生信托	65.07	60.94	55.06
2	华澳信托	54.42	30.75	16.34
3	昆仑信托	51.83	12.47	17.53
4	万向信托	51.67	42.90	14.69
5	中建投信托	35.15	26.05	28.28
6	华宸信托	33.92	39.28	44.19
7	兴业信托	29.93	21.63	0.86
8	山西信托	15.90	13.83	8.05
9	东莞信托	15.04	0.05	0.05
10	爱建信托	14.56	4.95	0.25

从表 10-4 可知,2022 年民生信托、华澳信托、昆仑信托、万向信托的自营资产不良率依次为 65.07%、54.42%、51.83%、51.67%,信托公司自营资产不良率前四名均超 40%。相比于上年的情况,昆仑信托、山西信托、东莞信托、爱建信托的自营资产不良率上升至前十。民生信托作为一家央企信托,2022 年亏损 4.04 亿元,同时年内发生多起重大诉讼,昆仑信托期末正常类信用风险资产、关注类信用风险资产、次级类信用风险资产、损失类信用风险资产分别为 24.60 亿元、3.98 亿元、0 元、0 元,较期初均有所减少,而公司期末可疑类信用风险资产为 30.76 亿元,较期初增加 29.27 亿元,增幅为 196.4%。

山西信托 2022 年负债率为 43.2%,自营不良率升至 15.90%。东莞信托 2022 年净利润同比减少 58.49%,期末不良资产较期初增加 0.17 亿元,资产不良率升至 15.04%。上海爱建信托公司资产合计 105.93 亿元,负债合计 29.31 亿元,负债率 27.7%,资产质量方面,按信用风险五级分类,爱建信托期末不良资产较期初增加 10.43 亿元,不良率升至 14.56%。由此可见,2022 年信托公司自营资产的风险仍在不断上升。

地产信托业务雪上加霜。在国家"房住不炒"的严监管背景下,地产行业的融资条件不断收紧,并且叠加房企暴雷事件频发等影响,信托行业在房地产领域的资金投入持续减少,房地产信托业务展业亦愈发艰难。

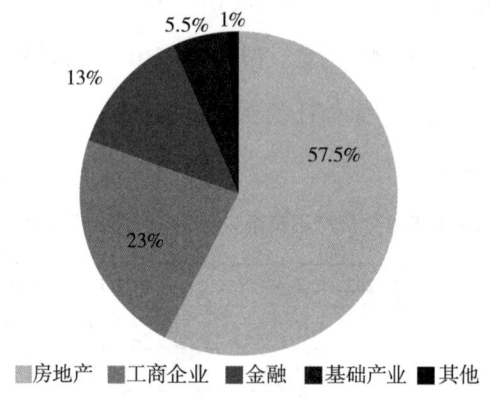

图 10-2 2022 年投向各领域信托产品违约数量占比

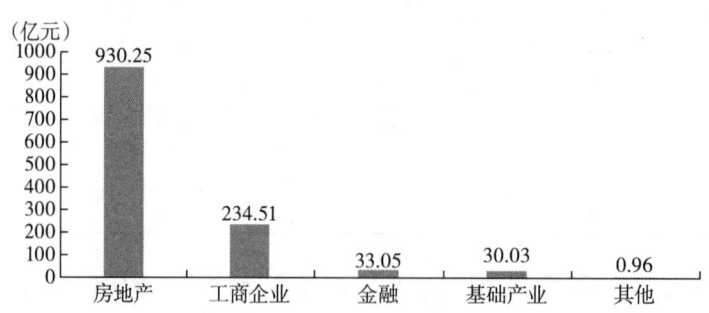

图 10-3 2022 年投向各领域信托产品违约金额

从图 10-2 和图 10-3 信托行业违约情况来看,据不完全统计,2022 年房地产信托违约事件约 115 起,占信托产品总违约数量的 57.5%,涉及金额 930.25 亿元,约占行业总违约金额的 75.7%,房地产信托在政策支持下风险虽有缓释,但短期内违约风险仍相对较高。其中 11 月已披露信托违约产品 22 款,涉及金额 119.59 亿元,12 月披露信托产品违约事件32起,涉及金额244.48亿元,与2022年11月相比,2022年12月已披露的信托违约产品金额及数量都明显下降,但涉及金额都已达上百亿元。地产信托存续规模仍高达1.4万亿元,且合作对手多为民营房企,风险敞口较大,对信托公司造成了较大的兑付压力和舆情压力。房地产信托的成立规模虽有所增长,但绝对规模相对较低,信托公司展业仍应保持谨慎。短期内,房地产行业以防风险、求稳定为主,信托展业空间有限,主要集中在化解风险和保交楼方面,与传统的房地产信托业务有所区别,房地产信托回暖尚待时机。

五、全面从严监管升级

近年来,金融监管趋严已成为常态,对信托行业的监管同样如此。2022年信托公司受处罚的主要事由有:未审慎经营及内控制度建设存在不足,违规为房地产项目、地方政府提供融资,信托资金贷后、投后管理不到位,关联交易违规。

《中国信托业发展报告》显示,2019年共有29家信托公司因各类违规遭处罚44次,处罚金额共计2700万元。2020年,共有14家信托公司因各类违规情形受到监管部门15次处罚,处罚金额达2235万元。2021年,各银保监局对信托公司开出了34张罚单,18家信托公司以及37人次受到处罚,其中部分信托公司及少数人收到了不止一张罚单。2021年,四川信托收到的罚单金额达3490万元;信托公司相关人员共计被处罚175万元,多数被处罚人员同时还被给予了警告。2022全年共有18家银保监局对21家信托公司共开出112张罚单(含个人),合计处罚金额6814万元(罚款金额统计中包含公司及个人),公司罚金5557万元,个人罚金1257万元。其中14家信托公司被罚金额超过(含)100万元,新华信托单次被罚1400万元,为年内最大金额罚单。另外的7家被罚的金额为20万元至80万元不等。从被罚次数来看,吉林信托次数最多,被罚3次,罚金总计350万元。

2015年至2018年,信托业单年处罚金额并未超过2000万元。而在2019年至2022年,连续4年,信托业每年收到的罚单金额都超过了2000万元。如图10-4所示。

2022年,信托行业严监管态势持续贯穿。7月11日,新华信托因13项违法违规,被重庆银保监局重罚1400万元。这是年内最高、史上第三的罚金。处罚信息显示,新华信托主要违法违规事实包括未事前报告关联交易、发放不当激励、通过关联方违规开展实业投资、全面风险失效、超权限审批与关联方的业务等13项。对比此前,2021年监管仅

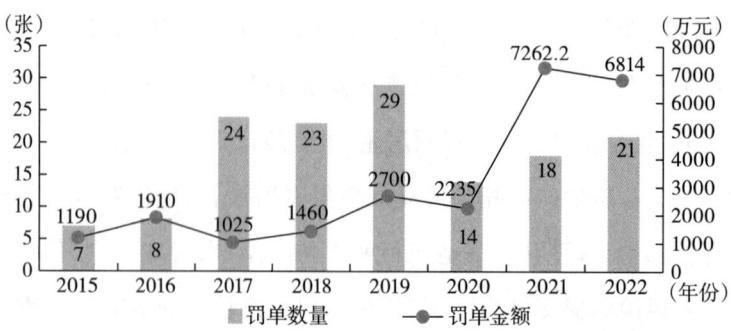

图 10-4　2015—2022 年信托行业罚单数量和罚单金额

披露一例信托从业者被终身禁业。近两年来,对金融违法行为的行政处罚,越来越多地出现同时对金融机构和直接责任人等进行处罚的现象,业内通称为"双罚制"。近年来的处罚缘由不仅聚焦于具体业务,也体现为信息披露、业务统计、风控管理等全方位,监管部门对信托公司和责任人的监管力度持续加大进行双罚。信托公司要遵循监管导向,制定好业务发展规划,加强考核引导,夯实传统业务,大力发展本源和创新业务,同时重视从业人员行为管理,制订员工规章制度,落实奖惩,做到提升经营和发展合规双举并重。

附录 国投泰康信托有限公司 2022 年年度报告摘要

国投泰康信托有限公司 2022 年年度报告摘要①

1. 重要提示

本公司董事会及董事保证本报告所载资料不存在任何虚假记载、误导性陈述或者重大遗漏，并对其内容的真实性、准确性和完整性承担个别及连带责任。

本报告经公司第七届董事会第十八次会议审议通过。本公司独立董事史克通先生、王相品先生、田玲女士认为本报告内容是真实、准确、完整的。

信永中和会计师事务所为本公司出具了标准无保留意见的审计报告。

公司总经理傅强先生、财务总监李涛先生及计划财务部总经理孙欣妍女士声明：保证年度报告中财务报告的真实、完整。

2. 公司概况

2.1 公司简介

（1）公司法定中文名称：国投泰康信托有限公司
（2）公司法定英文名称：
SDIC TAIKANG TRUST Co., LTD.
（3）法定代表人：叶柏寿
（4）公司注册地址：
北京市西城区阜成门北大街 2 号楼 16 层、17 层

邮政编码：100034
（5）国际互联网网址：www.sdictktrust.com
（6）电子信箱：sdictktrust@sdictktrust.com
（7）信息披露事务负责人：李涛
联系电话：010-83321800
传真：010-83321811
电子信箱：sdictktrust@sdictktrust.com
（8）报告期内公司信息披露报纸名称：
证券时报、上海证券报
（9）公司年度报告备置地点：
北京市西城区阜成门北大街 2 号楼 17 层
（10）公司聘请的会计师事务所：
信永中和会计师事务所（特殊普通合伙）
地址：北京市东城区朝阳门北大街 8 号富华大厦 B 座 12 层
（11）公司聘请的常年律师事务所：
北京天达共和律师事务所
地址：北京市朝阳区东三环北路 8 号亮马河大厦 1 座 20 层

2.2 组织结构

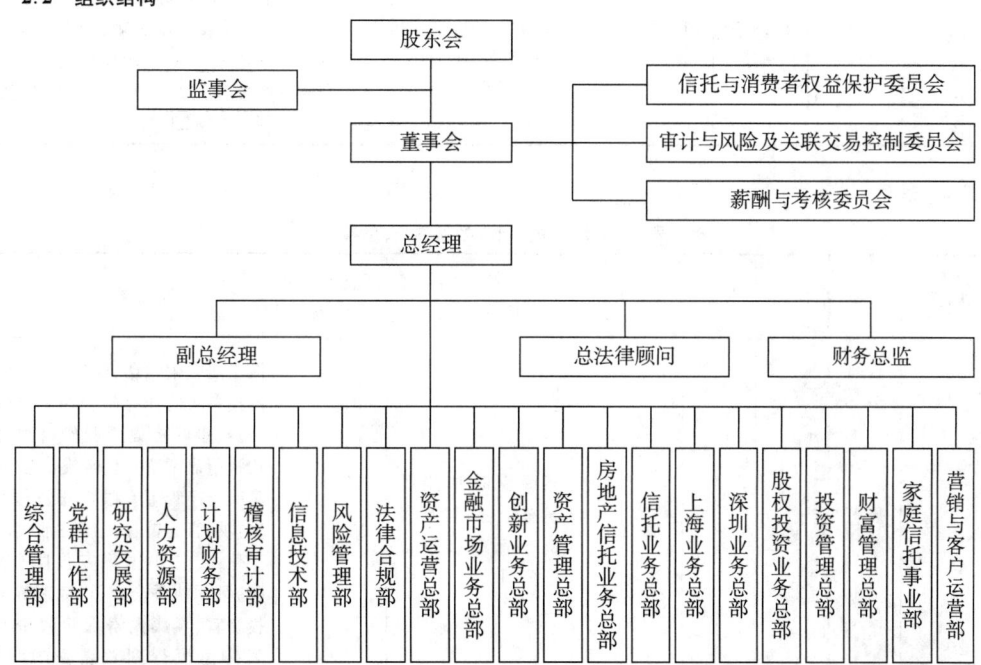

---
① 基于篇幅和研究需要，本内容主要保留财务报表相关内容，其余部分予以适当精简。

3. 公司治理
3.1 股东

表 3.1

股东名称	出资比例	法人代表	注册资本	注册地址	主要经营业务及主要财务情况
国投资本控股有限公司	61.29%	叶柏寿	人民币42亿元	北京市西城区阜成门北大街6-6号国际投资大厦A座	从事对外投资、资产管理、接受委托对企业进行管理、投资策划及咨询服务。截至2022年底,公司合并资产总额202.08亿元;2022年实现合并净利润总额12.59亿元。
泰康保险集团股份有限公司	27.06%	陈东升	人民币27.2919707亿元	北京市西城区复兴门内大街156号泰康人寿大厦8层、9层	投资设立保险企业,管理投资控股企业,国家法律法规允许的投资业务,经中国银保监会批准的保险业务,经中国银保监会批准的其他业务。截至2022年底,公司合并资产总额13654.46亿元;2022年实现合并利润总额105.13亿元。
悦达资本股份有限公司	8.20%	刘德兵	人民币40.9628亿元	盐城经济技术开发区希望大道南路5号	资产管理;创业投资;实业投资;投资咨询;自有房屋租赁。截至2022年底,公司合并资产总额136.65亿元,营业收入14.06亿元。
泰康资产管理有限责任公司	3.45%	段国圣	人民币10亿元	中国(上海)自由贸易试验区张杨路828-838号26F07、F08室	管理运用自有资金及保险资金;受托资金管理业务;与资金管理业务相关的咨询业务;公开募集证券投资基金管理业务;国家法律法规允许的其他资产管理业务。截至2022年底,公司合并资产总额132.85亿元;2022年实现合并利润总额23.27亿元。

3.2 董事

表3.2-1 (董事长、副董事长、董事)

姓名	职务	性别	年龄	选任日期	所推举的股东名称	该股东持股比例	简要履历
段国圣	副董事长	男	61	2015.6	泰康保险集团股份有限公司、泰康资产管理有限责任公司	30.51%	博士研究生学历,研究员,现任国投泰康信托有限公司副董事长、泰康保险集团股份有限公司执行副总裁、首席投资官兼泰康资产管理有限责任公司首席执行官。曾在江汉石油学院工作,曾任中国平安保险(集团)公司执委会成员、助理首席投资官、泰康人寿保险股份有限公司执行副总裁、首席投资官。

续表

姓名	职务	性别	年龄	选任日期	所推举的股东名称	该股东持股比例	简要履历
李占爽	董事	男	41	2021.10	国投资本控股有限公司	61.29%	硕士研究生学历,正高级会计师,现任国投泰康信托有限公司董事,国家开发投资集团有限公司财务部副主任、党支部副书记。曾在国投电力公司、国投华靖电力控股股份有限公司、国投电力控股股份有限公司工作,曾任国家开发投资集团有限公司财务部副主任。
张帅	董事	男	36	2017.9	国投资本控股有限公司	61.29%	硕士研究生学历,高级经济师,现任国投泰康信托有限公司董事、国投资本股份有限公司股权管理部部门总经理。曾任国投资本控股有限公司综合部信息规划业务员、经理;业务管理部业务经理、高级业务经理。
霍焱	董事	男	49	2019.12	泰康保险集团股份有限公司、泰康资产管理有限责任公司	30.51%	硕士研究生学历,现任国投泰康信托有限公司董事、泰康资产管理有限责任公司投后管理部负责人。曾在广东北电通信设备有限公司、摩托罗拉(中国)有限公司工作,曾任工银瑞信基金管理有限公司财务总监、泰康资产管理有限责任公司财务负责人、财务部负责人、国投泰康信托有限公司监事。
刘德兵	董事	男	52	2020.11	悦达资本股份有限公司	8.2%	大学本科学历,注册会计师,现任国投泰康信托有限公司董事,悦达资本股份有限公司董事长、总经理。曾在盐都水利建筑工程公司、江苏悦达开发区管委会、盐城悦达房地产有限公司工作,曾任上海悦达房地产有限公司财务总监、上海悦达新实业集团有限公司财务总监、江苏悦达集团有限公司财务部部长。

表 3.2-2 （独立董事）

姓名	所在单位及职务	性别	年龄	选任日期	所推举的股东名称	该股东持股比例	简要履历
史克通	北京金诚同达律师事务所高级合伙人	男	54	2021.12	国投资本控股有限公司	61.29%	大学本科学历,现任国投泰康信托有限公司独立董事,北京金诚同达律师事务所高级合伙人。曾在威海市永达高技术总公司、山东鲁中律师事务所、北京市京都律师事务所工作。
王相品	无	男	67	2019.3	国投资本控股有限公司	61.29%	博士研究生学历,高级经济师,现任国投泰康信托有限公司独立董事。曾在中国人民建设银行、国家计划委员会经济研究所、中国人民银行、中国农业发展银行工作,曾任华夏银行总行资金营运部总经理、总行纪委副书记、监察室主任、福州分行行长。
田玲	武汉大学经济与管理学院保险系主任	女	53	2021.12	泰康保险集团股份有限公司、泰康资产管理有限责任公司	30.51%	博士研究生学历,教授三级,现任国投泰康信托有限公司独立董事,武汉大学经济与管理学院保险系主任。曾任武汉大学商学院金融保险系教授、副主任。

3.3 监事

姓名	职务	性别	年龄	选任日期	所推举的股东名称	该股东持股比例	简要履历
曲刚	监事会主席	男	48	2019.8	国投资本控股有限公司	61.29%	硕士研究生学历,高级会计师,现任国投泰康信托有限公司监事会主席、安信证券股份有限公司董事、国投融资租赁有限公司董事、国投资本股份有限公司副总裁、财务总监。曾在中国人民银行、毕博咨询、国家开发投资公司、国投资本控股有限公司工作,曾任国投财务有限公司副总经理。

续表

姓名	职务	性别	年龄	选任日期	所推举的股东名称	该股东持股比例	简要履历
王元	监事	女	65	2022.12	泰康保险集团股份有限公司、泰康资产管理有限责任公司	30.51%	硕士研究生学历,副教授,现任国投泰康信托有限公司监事、世联新纪元律师事务所律师、智观惠孚律师事务所律师。曾在北京人民服装厂工作,曾任中央党校法学教研室副主任(主持工作)、泰康人寿保险股份有限公司法律负责人、中美国际保险销售服务有限公司首席风险官、世纪保险经纪公司法律顾问、隽天保险经纪公司法律负责人。
苏小宁	职工监事	女	44	2022.3	—	—	大学本科,经济师,现任国投泰康信托有限公司职工监事、国投泰康信托有限公司综合管理部总经理兼党群工作部负责人。曾在中钢集团金信咨询有限责任公司、北京方圆恒信冶金品种技术开发公司工作,曾任国投泰康信托有限公司综合管理部副总经理。

3.4 高级管理人员

姓名	职务	性别	年龄	选任日期	金融从业年限	学历	专业
傅强	总经理	男	53	2013年8月	27年	硕士研究生	工商管理
李涛	财务总监(副总经理级)、董事会秘书	男	48	2013年11月	17年	硕士研究生	会计学
刘桂进	副总经理、总法律顾问	男	51	2015年5月	17年	硕士研究生	工商管理
姚少杰	副总经理	男	49	2016年5月	22年	大学本科	机械制造工艺及设备
江芳	副总经理	女	52	2016年11月	29年	博士研究生	国际法学
包恋群	副总经理	男	50	2019年11月	29年	大学本科	财税
高嵩	总经理助理	女	49	2018年11月	21年	大学本科	财政学
曹莹	总经理助理	女	41	2019年6月	18年	大学本科	金融学保险
陈仁龙	总经理助理	男	39	2022年4月	13年	大学本科	会计学

3.5 公司员工

项目		报告期年度		上年度	
		人数	比例	人数	比例
年龄分布	25 以下	3	1.0%	3	1%
	25～29	52	17.9%	59	24%
	30～39	177	61.0%	136	56%
	40 以上	58	20.0%	47	19%
学历分布	博士	6	2.1%	5	2%
	硕士	198	68.3%	163	67%
	本科	81	27.9%	72	29%
	专科	5	1.7%	5	2%
	其他	0	0.0%	0	0%
岗位分布	董事、监事及其高管人员	10	3.4%	8	3%
	自营业务人员	4	1.4%	11	4%
	信托业务人员	115	39.7%	94	38%
	其他人员	161	55.5%	132	54%

4. 经营管理（略）
5. 报告期末及上一年度末的比较式会计报表
5.1 自营资产
5.1.1 会计师事务所审计结论
信永中和会计师事务所（特殊普通合伙）审计结论：后附的财务报表在所有重大方面按照企业会计准则的规定编制，公允反映了国投泰康信托母公司 2022 年 12 月 31 日的财务状况以及 2022 年度的经营成果和现金流量。

5.1.2－1 资产负债表（母公司）

资产负债表
2022 年 12 月 31 日

编制单位：国投泰康信托有限公司　　　　　　　　　　　　　　　　　　　　单位：人民币元

项目	附注	2022 年 12 月 31 日	2021 年 12 月 31 日
资产：			
货币资金	六、1	808,118,400.00	255,734,406.26
应收账款	六、2	264,476,492.09	116,594,904.86
其他应收款	六、3	875,489,887.18	548,667,620.29
交易性金融资产	六、4	10,802,112,273.18	9,751,164,651.62
长期股权投资	六、5	176,978,020.11	186,928,905.00
固定资产	六、6	8,842,282.35	7,288,420.03
在建工程	六、7	13,410,369.12	6,480,040.88
使用权资产	六、8	78,763,189.71	69,937,628.32
无形资产	六、9	53,318,188.69	38,896,467.74
长期待摊费用	六、10	1,533,928.18	3,226,948.92
递延所得税资产	六、11	45,764,956.95	18,840,780.30
资产总计		13,128,807,987.56	11,003,760,774.22

资产负债表(续)
2022年12月31日

编制单位:国投泰康信托有限公司　　　　　　　　　　　　　　　　　　　　　　　单位:人民币元

项目	附注	2022年12月31日	2021年12月31日
负债:			
拆入资金	六、12	1,000,625,000.00	
交易性金融负债	六、13	344,607,822.38	272,856,100.00
应付职工薪酬	六、14	320,996,904.80	279,642,206.53
应交税费	六、15	185,768,850.84	218,751,975.77
其他应付款	六、16	164,460,682.08	61,777,730.92
租赁负债	六、17	80,859,810.54	70,258,446.63
递延所得税负债	六、11		
其他负债		2,108,206.68	2,108,206.68
负债合计		2,099,427,277.32	905,394,666.53
所有者权益			
实收资本	六、18	2,670,545,454.00	2,670,545,454.00
资本公积	六、19	2,850,322,706.22	2,850,322,706.22
其他综合收益		30,000.00	
盈余公积	六、20	969,363,711.72	851,265,251.46
一般风险准备	六、21	696,867,274.47	599,909,710.75
未分配利润	六、22	3,842,251,563.83	3,126,322,985.26
所有者权益合计		11,029,380,710.24	10,098,366,107.69
负债和所有者权益总计		13,128,807,987.56	11,003,760,774.22

5.1.2-2　资产负债表(母子公司合并)

合并资产负债表
2022年12月31日

编制单位:国投泰康信托有限公司　　　　　　　　　　　　　　　　　　　　　　　单位:人民币元

项目	附注	2022年12月31日	2021年12月31日
资产:			
货币资金	八、1	1,376,688,108.18	801,845,697.19
应收账款	八、2	437,280,152.19	265,448,899.45
其他应收款	八、3	783,741,318.18	605,321,020.07
交易性金融资产	八、4	11,696,076,856.29	10,733,842,736.81
买入返售金融资产	八、5	221,900,320.73	593,610,613.33
发放贷款和垫款	八、6	1,644,120,980.09	399,662,016.42
债权投资	八、7	217,825,280.89	179,873,068.85
长期股权投资	八、8	65,978,020.11	75,928,905.00

续表

项目	附注	2022年12月31日	2021年12月31日
固定资产	八、9	24,949,937.18	15,293,009.76
在建工程	八、10	18,786,004.06	9,922,642.16
使用权资产	八、11	104,509,512.23	100,791,686.24
无形资产	八、12	69,115,156.39	51,966,711.63
商誉	八、13	68,578,612.63	68,578,612.63
长期待摊费用	八、14	3,555,142.97	6,449,094.35
递延所得税资产	八、15	164,976,949.80	99,531,878.71
其他资产	八、16	3,970,398.73	
资产总计		16,902,052,750.65	14,008,066,592.60

合并资产负债表（续）
2022年12月31日

编制单位：国投泰康信托有限公司　　　　　　　　　　　　　　　　　单位：人民币元

项目	附注	2022年12月31日	2021年12月31日
负债：			
拆入资金	八、17	1,000,625,000.00	
交易性金融负债	八、18	1,837,736,519.82	1,154,725,291.79
应付账款	八、19	103,436,549.37	95,761,432.25
合同负债	八、20	3,934,975.83	4,273,030.51
应付职工薪酬	八、21	689,341,212.01	532,197,439.62
应交税费	八、22	304,908,373.05	305,938,696.95
其他应付款	八、23	264,662,606.43	117,759,383.63
应付手续费及佣金		388,930.89	111,258.56
租赁负债	八、24	107,121,086.65	101,719,068.47
递延所得税负债	八、15		
其他负债		2,108,206.68	2,108,206.68
负债合计		4,314,263,460.73	2,314,593,808.46
所有者权益：			
实收资本	八、25	2,670,545,454.00	2,670,545,454.00
资本公积	八、26	2,850,322,706.22	2,850,322,706.22
其他综合收益		30,000.00	
盈余公积	八、27	969,363,711.72	851,265,251.46
一般风险准备	八、28	1,266,845,381.23	1,096,747,273.93
未分配利润	八、29	4,046,275,352.90	3,422,203,347.26
归属于母公司所有者权益合计		11,803,382,606.07	10,891,084,032.87

续表

项目	附注	2022 年 12 月 31 日	2021 年 12 月 31 日
*少数股东权益		784,406,683.85	802,388,751.27
所有者权益合计		12,587,789,289.92	11,693,472,784.14
负债和所有者权益总计		16,902,052,750.65	14,008,066,592.60

5.1.3-1 利润表(母公司)

利润表
2022 年度

编制单位:国投泰康信托有限公司　　　　　　　　　　　　　　　　单位:人民币元

项目	附注	2022 年度	2021 年度
一、营业总收入		2,102,826,800.82	2,086,408,573.80
利息收入	六、23	7,720,796.03	8,075,392.18
手续费及佣金收入	六、24	1,469,047,890.76	1,087,547,697.94
其他收益	六、25	17,215,787.56	5,017,515.08
投资收益(损失以"-"号填列)	六、26	643,739,026.39	927,629,648.75
其中:对联营企业和合营企业的投资收益		202,624.30	42,135,479.84
公允价值变动收益(损失以"-"号填列)	六、27	-44,754,510.31	56,995,687.09
其他业务收入	六、28	9,858,655.90	1,166,225.73
资产处置收益(损失以"-"号填列)		-845.51	-23,592.97
二、营业总成本		556,609,401.62	452,115,362.95
利息支出	六、23	5,352,636.33	22,036,280.64
税金及附加	六、29	10,513,096.71	7,784,149.79
业务及管理费	六、30	540,743,668.58	422,294,932.52
信用减值损失			
资产减值损失			
三、营业利润(亏损以"-"号填列)		1,546,217,399.20	1,634,293,210.85
加:营业外收入		518.49	176,505.27
减:营业外支出	六、31	1,016,282.77	32,404.79
四、利润总额(亏损总额以"-"号填列)		1,545,201,634.92	1,634,437,311.33
减:所得税费用	六、32	364,217,032.37	398,840,027.81
五、净利润(净亏损以"-"号填列)		1,180,984,602.55	1,235,597,283.52

续表

项目	附注	2022年度	2021年度
(一)持续经营净利润		1,180,984,602.55	1,235,597,283.52
(二)终止经营净利润			
六、其他综合收益的税后净额		30,000.00	
(一)不能重分类进损益的其他综合收益		30,000.00	
(二)将重分类进损益的其他综合收益			
七、综合收益总额		1,181,014,602.55	1,235,597,283.52

5.1.3-2 利润表(母子公司合并)

合并利润表
2022年度

编制单位:国投泰康信托有限公司　　　　　　　　　　　　　　　　　　单位:人民币元

项目	附注	2022年度	2021年度
一、营业总收入		3,288,205,829.20	3,124,258,191.75
利息收入	八、30	118,684,889.68	133,498,048.82
手续费及佣金收入	八、31	2,660,700,775.69	1,981,626,213.71
其他收益	八、32	63,493,494.08	24,716,957.90
投资收益(损失以"-"号填列)	八、33	601,213,010.17	1,024,159,349.17
其中:对联营企业和合营企业的投资收益		202,624.30	42,135,479.84
公允价值变动收益(损失以"-"号填列)	八、34	-164,778,306.59	-40,768,552.16
汇兑收益(损失以"-"号填列)			-85,130.81
其他业务收入	八、35	8,976,902.18	1,166,225.73
资产处置收益(损失以"-"号填列)		-84,936.01	-54,920.61
二、营业总成本		1,578,014,231.92	1,359,495,789.87
利息支出	八、30	6,334,489.56	23,458,562.76
手续费及佣金支出	八、31	3,559,387.25	2,460,646.49
税金及附加	八、36	16,981,246.48	12,306,337.62
业务及管理费	八、37	1,380,228,438.91	1,130,711,741.64
信用减值损失	八、38	170,910,669.72	190,558,501.36
资产减值损失			

续表

项目	附注	2022 年度	2021 年度
三、营业利润（亏损以"－"号填列）		1,710,191,597.28	1,764,762,401.88
加：营业外收入	八、39	232,518.49	355,505.27
减：营业外支出	八、40	1,216,282.77	32,404.79
四、利润总额（亏损总额以"－"号填列）		1,709,207,833.00	1,765,085,502.36
减：所得税费用	八、41	466,921,327.22	476,138,286.31
五、净利润（净亏损以"－"号填列）		1,242,286,505.78	1,288,947,216.05
（一）按所有权归属分类			
归属于母公司所有者的净利润		1,162,268,573.20	1,262,805,749.11
*少数股东损益		80,017,932.58	26,141,466.94
（二）按经营持续性分类			
持续经营净利润		1,242,286,505.78	1,288,947,216.05
终止经营净利润			
六、其他综合收益的税后净额		30,000.00	
归属于母公司所有者的其他综合收益的税后净额		30,000.00	
（一）不能重分类进损益的其他综合收益		30,000.00	
1. 重新计量设定受益计划变动额		30,000.00	
2. 权益法下不能转损益的其他综合收益			
3. 其他权益工具投资公允价值变动			
4. 企业自身信用风险公允价值变动			
5.其他			
（二）将重分类进损益的其他综合收益			
1. 权益法下可转损益的其他综合收益			

续表

项目	附注	2022 年度	2021 年度
2. 其他债权投资公允价值变动			
3. 金融资产重分类计入其他综合收益的金额			
4. 其他债权投资信用减值准备			
5. 现金流量套期储备（现金流量套期损益的有效部分）			
6. 外币报表折算差额			
7. 其他			
*归属于少数股东的其他综合收益的税后净额			
七、综合收益总额		1,242,316,505.78	1,288,947,216.05
归属于母公司所有者的综合收益总额		1,162,298,573.20	1,262,805,749.11
*归属于少数股东的综合收益总额		80,017,932.58	26,141,466.94

5.1.4-1 所有者权益变动表(母公司)

所有者权益变动表
2022 年度

编制单位：国投泰康信托有限公司　　2022 年度　　单位：人民币元

项目	实收资本	资本公积	其他综合收益	盈余公积	一般风险准备	未分配利润	所有者权益合计
一、上年年末余额	2,670,545,454.00	2,850,322,706.22		851,265,251.46	599,909,710.75	3,126,322,985.26	10,098,366,107.69
加：会计政策变更							
前期差错更正							
其他							
二、本年年初余额	2,670,545,454.00	2,850,322,706.22		851,265,251.46	599,909,710.75	3,126,322,985.26	10,098,366,107.69
三、本年增减变动金额（减少以"-"号填列）			30,000.00	118,098,460.26	96,957,563.72	715,928,578.57	931,014,602.55
（一）综合收益总额			30,000.00			1,180,984,602.55	1,181,014,602.55
（二）所有者投入和减少资本							
1. 所有者投入的普通股							
2. 其他权益工具持有者投入资本							
3. 股份支付计入所有者权益的金额							
4. 其他							
（三）利润分配				118,098,460.26	96,957,563.72	-465,056,023.98	-250,000,000.00
1. 提取盈余公积				118,098,460.26		-118,098,460.26	
其中：法定公积金				118,098,460.26		-118,098,460.26	

续表

单位：人民币元

2022 年度

项目	实收资本	资本公积	其他综合收益	盈余公积	一般风险准备	未分配利润	所有者权益合计
任意公积金							
2. 提取一般风险准备					96,957,563.72	-96,957,563.72	
3. 对所有者的分配						-250,000,000.00	-250,000,000.00
4. 其他							
（四）所有者权益内部结转							
1. 资本公积转增资本							
2. 盈余公积转增资本							
3. 盈余公积弥补亏损							
4. 设定受益计划变动额结转留存收益							
5. 其他综合收益结转留存收益							
6. 其他							
四、本年年末余额	2,670,545,454.00	2,850,322,706.22	30,000.00	969,363,711.72	696,867,274.47	3,842,251,563.83	11,029,380,710.24

编制单位：国投泰康信托有限公司

所有者权益变动表（续）

2022 年度

单位：人民币元

2021 年度

项目	实收资本	资本公积	其他综合收益	盈余公积	一般风险准备	未分配利润	所有者权益合计
一、上年年末余额	2,670,545,454.00	2,850,322,706.22		727,705,523.11	524,759,167.05	2,339,435,973.79	9,112,768,824.17
加：会计政策变更							

续表

项目	2021 年度						
	实收资本	资本公积	其他综合收益	盈余公积	一般风险准备	未分配利润	所有者权益合计
前期差错更正							
其他							
二、本年年初余额	2,670,545,454.00	2,850,322,706.22		727,705,523.11	524,759,167.05	2,339,435,973.79	9,112,768,824.17
三、本年增减变动金额（减少以"-"号填列）				123,559,728.35	75,150,543.70	786,887,011.47	985,597,283.52
（一）综合收益总额						1,235,597,283.52	1,235,597,283.52
（二）所有者投入和减少资本							
1.所有者投入的普通股							
2.其他权益工具持有者投入资本							
3.股份支付计入所有者权益的金额							
4.其他							
（三）利润分配				123,559,728.35	75,150,543.70	-448,710,272.05	-250,000,000.00
1.提取盈余公积				123,559,728.35		-123,559,728.35	
其中:法定公积金				123,559,728.35		-123,559,728.35	
任意公积金							
2.提取一般风险准备					75,150,543.70	-75,150,543.70	
3.对所有者的分配						-250,000,000.00	-250,000,000.00
4.其他							

续表

2021 年度

项目	实收资本	资本公积	其他综合收益	盈余公积	一般风险准备	未分配利润	所有者权益合计
（四）所有者权益内部结转							
1. 资本公积转增资本							
2. 盈余公积转增资本							
3. 盈余公积弥补亏损							
4. 设定受益计划变动额结转留存收益							
5. 其他综合收益结转留存收益							
6. 其他							
四、本年年末余额	2,670,545,454.00	2,850,322,706.22		851,265,251.46	599,909,710.75	3,126,322,985.26	10,098,366,107.69

5.1.4-2 所有者权益变动表（母子公司合并）

合并所有者权益变动表
2022 年度

编制单位：国投泰康信托有限公司   单位：人民币元

项目	本年金额								
	归属于母公司所有者权益							少数股东权益	所有者权益合计
	实收资本	资本公积	其他综合收益	盈余公积	一般风险准备	未分配利润	小计		
一、上年年末余额	2,670,545,454.00	2,850,322,706.22		851,265,251.46	1,096,747,273.93	3,422,203,347.26	10,891,084,032.87	802,388,751.27	11,693,472,784.14
加：会计政策变更									
前期差错更正									
其他									

续表

本年金额

项目	归属于母公司所有者权益							少数股东权益	所有者权益合计
	实收资本	资本公积	其他综合收益	盈余公积	一般风险准备	未分配利润	小计		
二、本年年初余额	2,670,545,454.00	2,880,322,706.22		851,265,251.46	1,096,747,273.93	3,422,203,347.26	10,891,084,032.87	802,388,751.27	11,693,472,784.14
三、本年增减变动金额（减少以"-"号填列）			30,000.00	118,098,460.26	170,098,107.30	624,072,005.64	912,298,573.20	-17,982,067.42	894,316,505.78
（一）综合收益总额			30,000.00			1,162,268,573.20	1,162,298,573.20	80,017,932.58	1,242,316,505.78
（二）所有者投入和减少资本									
1. 所有者投入的普通股									
2. 其他权益工具持有者投入资本									
3. 股份支付计入所有者权益的金额									
4. 其他									
（三）利润分配				118,098,460.26	170,098,107.30	-538,196,567.56	-250,000,000.00	-98,000,000.00	-348,000,000.00
1. 提取盈余公积				118,098,460.26		-118,098,460.26			
其中：法定公积金				118,098,460.26		-118,098,460.26			
任意公积金									
2. 提取一般风险准备					170,098,107.30	-170,098,107.30			
3. 对所有者的分配						-250,000,000.00	-250,000,000.00	-98,000,000.00	-348,000,000.00
4. 其他									
（四）所有者权益内部结转									

续表

本年金额

项目	实收资本	资本公积	其他综合收益	盈余公积	一般风险准备	未分配利润	小计	少数股东权益	所有者权益合计
				归属于母公司所有者权益					
1. 资本公积转增资本									
2. 盈余公积转增资本									
3. 盈余公积弥补亏损									
4. 设定受益计划变动额结转留存收益									
5. 其他综合收益结转留存收益									
6. 其他			30,000.00						
四、本年年末余额	2,670,545,454.00	2,850,322,706.22		969,363,711.72	1,266,845,381.23	4,046,275,352.90	11,803,382,606.07	784,406,683.85	12,587,789,289.92

合并所有者权益变动表（续）
2022 年度

编制单位：国投泰康信托有限公司　　　　　单位：人民币元

上年金额

项目	实收资本	资本公积	其他综合收益	盈余公积	一般风险准备	未分配利润	小计	少数股东权益	所有者权益合计
				归属于母公司所有者权益					
一、上年年末余额	2,670,545,454.00	2,850,322,706.22		727,705,523.11	968,071,483.57	2,661,633,116.86	9,878,278,283.76	776,247,284.33	10,654,525,568.09
加：会计政策变更									
前期差错更正									
其他									
二、本年年初余额	2,670,545,454.00	2,850,322,706.22		727,705,523.11	968,071,483.57	2,661,633,116.86	9,878,278,283.76	776,247,284.33	10,654,525,568.09

续表

项目	上年金额							
	归属于母公司所有者权益						少数股东权益	所有者权益合计
	实收资本	资本公积	其他综合收益	盈余公积	一般风险准备	未分配利润	小计		
三、本年年增减变动金额（减少以"-"号填列）				123,559,728.35	128,675,790.36	760,570,230.40	1,012,805,749.11	26,141,466.94	1,038,947,216.05
（一）综合收益总额						1,262,805,749.11	1,262,805,749.11	26,141,466.94	1,288,947,216.05
（二）所有者投入和减少资本									
1.所有者投入的普通股									
2.其他权益工具持有者投入资本									
3.股份支付计入所有者权益的金额									
4.其他									
（三）利润分配				123,559,728.35	128,675,790.36	-502,235,518.71	-250,000,000.00		-250,000,000.00
1.提取盈余公积				123,559,728.35		-123,559,728.35			
其中：法定公积金				123,559,728.35		-123,559,728.35			
2.提取一般风险准备					128,675,790.36	-128,675,790.36			
3.对所有者的分配						-250,000,000.00	-250,000,000.00		-250,000,000.00
4.其他									
（四）所有者权益内部结转									

续表

| 项目 | 上年金额 ||||||| 少数股东权益 | 所有者权益合计 |
| | 归属于母公司所有者权益 |||||||||
	实收资本	资本公积	其他综合收益	盈余公积	一般风险准备	未分配利润	小计		
1. 资本公积转增资本									
2. 盈余公积转增资本									
3. 盈余公积弥补亏损									
4. 设定受益计划变动额结转留存收益									
5. 其他综合收益结转留存收益									
6. 其他									
四、本年年末余额	2,670,545,454.00	2,850,322,706.22		851,265,251.46	1,096,747,273.93	3,422,203,347.26	10,891,084,032.87	802,388,751.27	11,693,472,784.14

5.2 信托资产

5.2.1 信托项目资产负债汇总表

编制单位：国投泰康信托有限公司　　2022 年 12 月 31 日　　金额单位(人民币)：万元

信托资产	期末数	年初数	信托负债和信托权益	期末数	年初数
信托资产：			信托负债：		
货币资金	622,491.61	275,245.18	交易性金融负债	0.00	0.00
拆出资金	0.00	0.00	衍生金融负债	0.00	0.00
存出保证金	0.00	0.00	应付受托人报酬	28,216.89	11,424.18
交易性金融资产	19,753,785.77	3,983,536.45	应付托管费	821.94	377.52
衍生金融资产	0.00	0.00	应付受益人收益	21,820.04	26,916.15
买入返售金融资产	1,476,654.93	3,042,887.72	应交税费	10,202.03	7,665.45
应收款项	-1,311.07	43,793.56	应付销售服务费	8,891.36	6,872.50
发放贷款	3,502,202.61	2,805,560.15	其他应付款项	652,671.38	78,144.98
可供出售金融资产	0.00	494,672.43	预计负债	0.00	0.00
持有至到期投资	1,577,270.50	528,095.76	其他负债	0.00	0.00
长期应收款	0.00	0.00	信托负债合计	722,623.65	131,400.78
长期股权投资	496,000.18	1,335,737.97			
投资性房地产	0.00	0.00	信托权益：		
固定资产	0.00	0.00	实收信托	29,043,600.83	15,783,272.00
无形资产	0.00	0.00	资本公积	5,077.96	6,477.96
长期待摊费用	1.09	3.81	损益平准金	0.00	0.00
其他资产	2,433,012.53	3,497,487.94	未分配利润	88,805.71	85,870.23
减：各项资产减值准备	41,153.58	0.00	信托权益合计	29,137,484.50	15,875,620.19
信托资产总计	29,860,108.15	16,007,020.97	信托负债及信托权益总计	29,860,108.15	16,007,020.97

5.2.2 信托项目利润及利润分配汇总表

编制单位：国投泰康信托有限公司　　2022 年度　　金额单位(人民币)：万元

项目	本期金额	上期金额
1.营业收入	961,846.00	1,062,386.90
1.1 利息收入	828,398.63	727,329.00
1.2 投资收益(损失以"-"号填列)	326,547.37	315,139.08
1.2.1 其中：对联营企业和合营企业的投资收益	0.00	0.00
1.3 公允价值变动收益(损失以"-"号填列)	-253,376.27	-54,503.29
1.4 租赁收入	0.00	0.00
1.5 汇兑损益(损失以"-"号填列)	-485.35	-1,595.76
1.6 其他收入	60,761.62	76,017.87

续表

项目	本期金额	上期金额
2. 支出	343,187.47	224,701.25
2.1 营业税金及附加	3,142.43	3,351.06
2.2 受托人报酬	155,250.05	108,222.39
2.3 托管费	3,122.35	3,898.50
2.4 投资管理费	2.04	2.05
2.5 销售服务费	27,909.47	35,336.08
2.6 交易费用	0.45	1,729.64
2.7 资产减值损失	58,373.10	3,544.93
2.8 其他费用	95,387.58	68,616.60
3. 信托净利润（净亏损以"－"号填列）	618,658.53	837,685.65
4. 其他综合收益	0.00	0.00
5. 综合收益	618,658.53	837,685.65
6.　加：期初未分配信托利润	85,870.23	100,564.07
7. 可供分配的信托利润	1,450,440.54	1,088,919.82
8.　减：本期已分配信托利润	1,361,634.83	1,003,049.59
9. 期末未分配信托利润	88,805.71	85,870.23

6. 会计报表附注

6.1　简要说明报告年度会计报表编制基准、会计政策、会计估计和核算方法发生的变化

本报告期本公司主要会计报表编制基准、会计政策、会计估计和核算方法未发生变更

6.2　或有事项说明

截至 2022 年 12 月 31 日，本公司无需要披露的重大或有事项。

6.3　重要资产转让及其出售的说明

无。

6.4　会计报表中重要项目的明细资料

6.4.1　自营资产经营情况

6.4.1.1　信用风险资产分类

金额单位（人民币）：万元

信用风险资产五级分类	正常类	关注类	次级类	可疑类	损失类	信用风险资产合计	不良合计	不良率（%）
期初数	1,085,908	—	—	—	—	1,085,908	—	—
期末数	1,263,914	28,804	—	—	—	1,292,718	—	—

注：不良资产合计 = 次级类 + 可疑类 + 损失类

6.4.1.2　各项资产减值损失准备：无。

6.4.1.3　固有业务投资品种明细

金额单位（人民币）：万元

	自营股票	基金	债券	长期股权投资	其他投资	合计
期初数	—	45,005	—	18,693	930,111	993,809
期末数	—	—	—	17,698	1,080,211	1,097,909

6.4.1.4 前三名的自营长期股权投资情况

金额单位(人民币):万元

企业名称	占被投资企业权益的比例	主要经营活动	投资损益
国投瑞银基金管理有限公司	51.00%	基金募集、基金销售、资产管理	10,200
国投万和资产管理有限公司	45.00%	资产管理、股权投资	20

6.4.1.5 前三名的自营贷款的企业情况:无。
6.4.1.6 表外业务情况:无。
6.4.1.7 公司当年的收入结构

金额单位(人民币):万元

收入结构	母公司		母子合并	
	金额	占比	金额	占比
手续费及佣金收入	146,905	69.86%	266,070	80.91%
其中:信托手续费收入	146,905	69.86%	146,905	44.67%
投资银行业务收入	—	—	—	—
利息收入	772	0.37%	11,868	3.61%
其他业务收入	20,946	9.96%	7,239	2.20%
其中:计入信托业务收入部分	18,239	8.67%	—	—
投资收益	46,135	21.94%	60,121	18.28%
其中:股权投资收益	14,477	6.88%	4,057	1.23%
证券投资收益	666	0.32%	3,773	1.15%
其他投资收益	30,992	14.74%	52,291	15.90%
公允价值变动收益	-4,475	-2.13%	-16,478	-5.01%
营业外收入	0	0.00%	23	0.01%
收入合计	210,283	100.00%	328,843	100.00%

6.4.2 信托财产管理情况
6.4.2.1 信托资产的期初数、期末数

金额单位(人民币):万元

信托资产	期初数	期末数
集合	11,334,094.19	14,465,895.89
单一	1,144,532.99	1,643,683.06
财产权	3,528,393.79	13,750,529.20
合计	16,007,020.97	29,860,108.15

6.4.2.1.1 主动管理型信托业务的信托资产

金额单位(人民币):万元

主动管理型信托资产	期初数	期末数
证券投资类	4,577,742.56	8,026,406.30

续表

主动管理型信托资产	期初数	期末数
股权投资类	315,054.47	131,030.37
融资类	4,627,856.56	5,722,359.71
事务管理类	350,138.29	24,662.11
其他	263,381.53	782,138.44
合计	10,134,173.41	14,686,596.93

6.4.2.1.2 被动管理型信托业务的信托资产

金额单位(人民币):万元

被动管理型信托资产	期初数	期末数
证券投资类	163,853.94	11,594.75
股权投资类	413,846.96	135,375.85
融资类	1,341,233.62	1,719.36
事务管理类	3,297,139.39	14,495,490.48
其他	656,773.65	529,330.78
合计	5,872,847.56	15,173,511.22

6.4.2.2 本年度已清算结束的信托项目

6.4.2.2.1 本年度已清算结束的集合类、单一类资金信托项目和财产管理类信托项目

金额单位(人民币):万元

已清算结束信托项目	项目个数	实收信托合计金额	加权平均实际年化收益率
集合类	171	3,154,790.82	5.32%
单一类	16	370,387.99	4.32%
财产管理类	19	1,736,274.00	3.65%

6.4.2.2.2 本年度已清算结束的主动管理型信托项目

金额单位(人民币):万元

已清算结束信托项目	项目个数	实收信托合计金额	加权平均实际年化信托报酬率	加权平均实际年化收益率
证券投资类	118	1,985,886.71	0.62%	5.36%
股权投资类	0	—	—	—
融资类	42	1,308,690.00	1.54%	7.00%
事务管理类	4	5,181.00	0.05%	4.64%
其他	16	115,450.00	0.44%	6.90%

6.4.2.2.3 本年度已清算结束的被动管理型信托项目

金额单位(人民币):万元

已清算结束信托项目	项目个数	实收信托合计金额	加权平均实际年化信托报酬率	加权平均实际年化收益率
证券投资类	1	0.00	0.20%	5.49%
股权投资类	0	—	—	—
融资类	8	62,552.13	0.12%	6.70%
事务管理类	15	1,733,692.99	0.03%	3.49%
其他	2	50,000.00	0.08%	6.06%

6.4.2.3 本年度新增集合类、单一类和财产管理类信托项目

金额单位(人民币):万元

新增信托项目	项目个数	实收信托合计金额
集合类	597	11,220,397.95
单一类	411	950,257.90
财产管理类	1048	12,598,657.87
新增合计	2056	24,769,313.72
其中:主动管理型	630	11,618,813.37
被动管理型	1426	13,150,500.35

6.4.2.4 信托业务创新成果和特色业务有关情况

2022年,公司持续推进信托业务转型与创新。证券投资业务方面,主动固收业务管理规模再创新高,主动权益投研体系搭建初步成型,资管业务产品线进一步丰富,"固收+"产品顺利落地,权益私募FOF类丰溢系列和阳光私募类名匠系列基础产品线搭建完毕;股权投资业务方面,公司已形成由战略性投资、财务性投资和基金投资为主的股权生态圈体系,借助基金类投资持续积累市场化GP及基金项目资源。积极转型卖方业务,公司卖方业务体系逐步搭建;财富管理业务方面,初步形成了具有"国投"特色的家族信托业务发展模式,在行业中具备了一定影响力及品牌知名度。强化资产配置能力建设,重点打造"名匠"等资产配置产品及配置品牌,实现了配置产品线的初步搭建。

6.4.2.5 本公司履行受托人义务情况及因本公司自身责任而导致的信托资产损失情况

公司严格按照《中华人民共和国信托法》《信托公司管理办法》《信托公司集合资金信托计划管理办法》等法律法规的规定及信托合同等文件的约定,诚实、信用、谨慎、有效地管理信托财产,严格履行受托人的义务。报告期内公司没有发生因自身责任而导致的信托资产损失情况。

6.4.3 公司净资本及风险资本情况

截至2022年底,公司净资本为853,644.60万元,公司开展固有业务、信托业务等占用的风险资本为389,000.11万元,公司净资本高于各项风险资本之和,高于公司净资产的40%,符合《信托公司净资本管理办法》的风险控制指标。

6.5 关联方关系及其交易的披露

6.5.1 关联交易概况

金额单位(人民币):万元

	关联交易方数量	关联交易金额	定价政策
合计	20	4520812.49	本公司向关联方提供贷款、管理咨询服务等的交易价格由双方协商确定,与非关联方的交易价格并无重大差异;收取的信托项目手续费按照信托合同的约定确定。

6.5.2 关联交易方情况

关系性质	关联方名称	法定代表人	注册地址	注册资本	主营业务
母公司	国投资本控股有限公司	叶柏寿	北京市西城区阜成门北大街6号-6国际投资大厦A座	42亿元	对外投资,资产管理,接受委托对企业进行管理,投资策划及咨询服务
子公司	国投瑞银基金管理有限公司	傅强	上海市虹口区杨树浦路168号20层	1亿元	基金募集、基金销售、资产管理、中国证监会许可的其他业务
联营企业	国投万和资产管理有限公司	姚少杰	珠海市横琴新区兴盛一路128号2920办公	1亿元	资产管理、股权投资
受同一最终控制方控制的其他企业	国投财务有限公司	李旭荣	北京市西城区阜成门北大街2号18层	50亿元	对成员单位办理财务和融资顾问、信用鉴证及相关咨询、代理业务;协助成员单位实现交易款项的收付;经批准的保险代理业务;对成员单位提供担保;办理成员单位之间的委托贷款及委托投资;对成员单位办理票据承兑与贴现;办理成员单位之间的内部转账结算及相应的结算、清算方案设计;吸收成员单位的存款;对成员单位办理贷款及融资租赁;从事同业拆借;经批准发行财务公司债券;承销成员单位的企业债券;对金融机构的股权投资;有价证券投资;成员单位产品的买方信贷
受同一最终控制方控制的其他企业	国投亚华(北京)有限公司	徐波	北京市西城区阜成门北大街2号楼1层至7层东侧北侧西侧地下一层、地下二层	7.3亿元	房地产开发;销售商品房;信息咨询(中介除外);出租商业用房、办公用房;租赁计算机及辅助设备;建设工程项目管理;体育场馆经营;住宿;游泳馆
受同一最终控制方控制的其他企业	国投物业有限责任公司	闫晓俊	北京市西城区阜成门北大街6号-6国际投资大厦	1亿元	物业管理;出租办公用房;机动车公共停车场服务;洗车服务;餐饮服务;销售食品
受同一最终控制方控制的其他企业	国投亚华(上海)有限公司	耿永军	上海市虹口区杨树浦路168号2层208室	26亿元	实业投资、投资管理(除股权投资和股权投资管理),投资咨询,房地产开发经营,物业管理,会展会务服务,商务咨询(除经纪)

续表

关系性质	关联方名称	法定代表人	注册地址	注册资本	主营业务
受同一最终控制方控制的其他企业	国投智能科技有限公司	张雷	上海市虹口区杨树浦路168号36层A	20亿元	从事智能科技、物联网科技、计算机科技、环保科技、电子科技、能源科技领域内的技术开发、技术咨询、技术服务、技术转让,网络科技,网络工程,电子商务(不得从事金融业务),企业管理咨询,通讯建设工程施工,项目投资,投资管理,投资咨询,企业策划,资产管理,电信业务
受同一最终控制方控制的其他企业	国投人力资源服务有限公司	孟书豪	北京市朝阳区光华路15号院2号楼10层1001、1002、1003内167	1亿元	人力资源供求信息的收集、整理、储存、发布和咨询服务;人才信息网络服务;人才推荐、人才招聘;人才培训;人才测评;在规定业务范围内接受用人单位和个人委托,从事人事代理服务;承接人力资源服务外包;人力资源管理咨询服务;劳务派遣(劳务派遣经营许可证有效期至2021年01月03日);向境外派遣各类劳务人员(不含港澳台地区)(对外劳务合作经营资格证书有效期至2024年07月16日);互联网信息服务;企业管理咨询;教育咨询;经济贸易咨询;税务咨询;市场调查;技术开发、技术推广、技术服务;会议服务;组织文化艺术交流活动(不含演出);设计、制作、代理、发布广告
受同一最终控制方控制的其他企业	北京国智云鼎科技有限公司	王良科	北京市石景山区八大处路49号院4号楼5层5098	3000万元	技术咨询、技术推广;软件开发;计算机技术培训(不得面向全国招生);销售软件及辅助设备;经济贸易咨询;企业管理咨询;计算机系统服务

续表

关系性质	关联方名称	法定代表人	注册地址	注册资本	主营业务
受同一最终控制方控制的其他企业	厦门京闽东线会展服务有限公司	王晖	厦门市思明区松柏小区屿后南里158号四楼	110万元	会议及展览服务;提供企业营销策划服务;文化、艺术活动策划;其他未列明商务服务业(不含需经许可审批的项目);社会经济咨询(不含金融业务咨询);教育咨询(不含教育培训及出国留学中介、咨询等须经许可审批的项目);其他人力资源服务(不含需经许可审批的项目);企业管理咨询;其他未列明的专业咨询服务(不含需经许可审批的项目);市场调查;商务信息咨询;旅游咨询(不含需经许可审批的项目);婚姻服务(不含涉外婚姻介绍);广告的设计、制作、代理、发布;办公服务;包装服务;汽车租赁(不含营运);教育辅助服务(不含教育培训及出国留学中介、咨询等须经许可审批的项目);因私出入境中介服务(不含境外就业、留学);其他未列明的教育服务(不含教育培训及其他须经行政许可审批的事项)
受同一最终控制方控制的其他企业	国投创益产业基金管理有限公司	王维东	北京市西城区广安门外南滨河路1号高新大厦10层、11层	1亿元	产业基金投资管理;投资咨询
受同一最终控制方控制的其他企业	安信证券股份有限公司	黄炎勋	深圳市福田区福田街道福华一路119号安信金融大厦	100亿元	证券经纪;证券投资咨询;与证券交易、证券投资活动有关的财务顾问;证券承销与保荐;证券自营;证券资产管理;融资融券;代销金融产品;证券投资基金销售;为期货公司提供中间介绍业务;证券投资基金托管;中国证监会批准的其它证券业务

续表

关系性质	关联方名称	法定代表人	注册地址	注册资本	主营业务
受同一最终控制方控制的其他企业	安信（深圳）商业服务有限公司	李达	深圳市福田区福田街道福安社区福华一路119号安信金融大厦10楼	2000万元	一般经营项目是：商业管理咨询；商业运营管理；物业管理；物业租赁；水电空调使用代缴费；物业装饰装修工程；物业设施设备上门维修；会务服务；礼仪策划；企业形象策划；展览展示策划；文印、档案管理服务；汽车租赁；从事广告业务；经营电子商务、办公设备、文体用品的销售；翻译服务；软件和信息的技术服务。（法律、行政法规、国务院决定禁止的项目除外，限制的项目须取得许可后方可经营），许可经营项目是：劳务派遣；餐饮服务；机动车辆停放服务；停车场管理
母公司的联营企业	锦泰财产保险股份有限公司	邓明湘	中国（四川）自由贸易试验区成都市高新区吉瑞四路399号金控时代广场1号楼东塔楼	110000万元	财产损失保险；责任保险；信用保险和保证保险；短期健康保险和意外伤害保险；上述业务的再保险业务；国家法律、法规允许的保险资金运用业务；经保监会批准的其他业务
本公司少数股东的子公司	泰康养老保险股份有限公司	李艳华	北京市朝阳区景辉街16号院1号楼泰康集团大厦 2001、2002、2101、2102、2201、2202单元	500000万元	团体养老保险及年金业务、个人养老保险及年金业务、团体人寿保险业务、短期健康保险业务、团体长期健康保险业务、个人长期健康保险业务、意外伤害保险业务、上述业务的再保险业务、与健康保险有关的咨询服务业务及代理业务、国家法律、法规允许的保险资金运用业务、经中国保监会批准的其他业务；保险兼业代理（仅代理泰康人寿保险有限责任公司和泰康在线财产保险股份有限公司的保险业务）

续表

关系性质	关联方名称	法定代表人	注册地址	注册资本	主营业务
受同一最终控制方控制的其他企业	国投生物能源销售有限公司	魏劲松	天津市河西区吴家窑大街与卫津路交口君禧华庭3-1-2001、2010、2011、2012	5000万元	许可项目:危险化学品经营;食品销售;酒类经营;食品互联网销售。(依法须经批准的项目,经相关部门批准后方可开展经营活动,具体经营项目以相关部门批准文件或许可证件为准)一般项目:化工产品销售(不含许可类化工产品);饲料原料销售;饲料添加剂销售;畜牧渔业饲料销售;初级农产品收购;食用农产品批发;谷物销售;豆及薯类销售;食品添加剂销售;肥料销售;再生资源销售;石灰和石膏销售;日用化学产品销售;消毒剂销售(不含危险化学品);货物进出口;技术进出口;专用化学产品销售(不含危险化学品);日用口罩(非医用)销售;医用口罩批发;玻璃仪器销售;卫生用品和一次性使用医疗用品销售;医护人员防护用品批发;医护人员防护用品零售;第一类医疗器械销售;第二类医疗器械销售;实验分析仪器销售;化妆品批发;化妆品零售;日用品批发;日用品销售;个人卫生用品销售;母婴用品销售;互联网销售(除销售需要许可的商品);保健食品(预包装)销售;婴幼儿配方乳粉及其他婴幼儿配方食品销售;海洋生物活性物质提取、纯化、合成技术研发;复合微生物肥料研发;技术服务、技术开发、技术咨询、技术交流、技术转让、技术推广;生态环境材料销售;机械设备销售;机械设备研发;仪器仪表销售
母公司的联营企业	国彤创丰私募基金管理有限公司(曾用名:国投创丰投资管理有限公司)	李涛	上海市虹口区飞虹路360弄9号6层(集中登记地)	2亿元	一般项目:私募股权投资基金管理、创业投资基金管理服务

续表

关系性质	关联方名称	法定代表人	注册地址	注册资本	主营业务
本公司联营企业的子公司	珠海万和锦华资产管理有限公司	曹伟	珠海市横琴新区兴盛一路128号1813房	5000万元	一般项目:私募股权投资基金管理、创业投资基金管理服务
本公司联营企业的子公司	珠海万和锦鸿科技有限公司	梁强	珠海市横琴新区兴盛一路128号1015办公	1000万元	一般项目:工程和技术研究和试验发展;科技中介服务;信息技术咨询服务

6.5.3 本公司与关联方的重大交易事项

6.5.3.1 固有与关联方交易情况

金额单位(人民币):万元

固有与关联方关联交易				
	期初数	借方发生额	贷方发生额	期末数
贷款	—	—	—	—
投资	90,087	222,184	112,885	199,386
租赁	—	3,266	3,266	—
担保				
应收账款	—	3,581	—	3,581
其他	2,277	162,607	62,686	102,198
合计	92,364	391,638	178,837	305,165

6.5.3.2 信托资产与关联方交易情况

报告期内信托资产支付给关联方的代销费、托管费、财务顾问费合计3268.83万元。未发生信托资产实质与关联方贷款、投资、租赁、应收账款、担保的交易。

6.5.3.3 信托公司自有资金运用于自己管理的信托项目(固信交易)、信托公司管理的信托项目之间的相互(信信交易)交易金额

6.5.3.3.1 固有与信托财产之间的交易

金额单位(人民币):万元

固有财产与信托财产相互交易				
	期初数	借方发生额	贷方发生额	期末数
合计	697,478	551,510	498,655	750,333

6.5.3.3.2 信托项目之间的交易

金额单位(人民币):万元

	期初数	本期增加	本期减少	期末数
合计	534,754.04	2,502,756.84	394,146.82	2,643,364.06

6.5.4 报告期无关联方逾期未偿还本公司资金,无为关联方担保发生或即将发生垫款的情况。

6.6 会计制度的披露

本公司根据实际发生的交易和事项,按照财政部颁

布的《企业会计准则—基本准则》和陆续颁布的各项具体会计准则、企业会计准则应用指南、企业会计准则解释及其他相关规定进行确认和计量,在此基础上编制财务报表。

7. 财务情况说明书

7.1 利润实现和分配情况

母公司口径:公司累计实现利润总额154,520万元,较去年同期减少8,924万元,降幅为5.46%。实现净利润118,098万元,较去年同期减少5,462万元,降幅为4.42%。按相关法规及公司章程提取盈余公积11,810万元,提取一般准备金9,696万元。

合并口径:公司累计实现利润总额170,921万元,较去年同期减少5,588万元,降幅为3.17%。实现净利润124,229万元,较去年同期减少4,666万元,降幅为3.62%。按相关法规及公司章程提取盈余公积11,810万元,提取一般准备金17,010万元。

7.2 主要财务指标

指标名称	指标值(%)(母公司)	指标值(%)(母子公司合并)
资本利润率	11.18	10.23
加权年化信托报酬率	0.66	0.66
人均净利润(万元)	402.38	225.67

7.3 对本公司财务状况、经营成果有重大影响的其他事项

报告期内无对本公司财务状况、经营成果有重大影响的其他事项。

8. 特别事项揭示(略)

9. 公司监事会意见(略)

10. 公司履行社会责任情况(略)

11. 消费者权益保护(略)